무서워마라

FEAR
무서워마라
NOT

송준기

규장

악인은 쫓아오는 자가 없어도 도망하나
의인은 사자 같이 담대하니라 잠 28:1

The wicked man flees though no one pursues,
but the righteous are as bold as a lion Proverbs 28:1 NIV

프롤로그

우리는 무엇인가를
무서워하며 산다

**이 책의 내용은
하나님을 두려워하면
세상에서 담대해진다는 것이다.**

 이 이야기는 내 영적 전우들과 두려움에 떨던 어느 겨울에 시작되었다. 두려움을 만났던 때다. 떠남에 대한 두려움이었다. 그러나 말씀으로 이겼고, 헤쳐나갔으며, 올바른 방향을 끝까지 견지했다. 지금부터 할 이야기는 성경에서 나온 것이다. 두려워하는 그대에게 주시는 말씀이다. 하나님은 그분의 자녀들이 두려움 없이 담대하기를 바라신다. 성경에 나온다.

**무엇이 두렵든
하나님을 더 두려워하면 된다.
그러면 이긴다.**

우리에게는 교회 건물이 없다. 한 주 빠지면, 다음 주에는 어디에서 모이는지 잘 모른다. 지금도 이사가 잦다. 철새 떼 같고, 유목민 같다. 거칠고 열정적이다. 죄인들 중 우두머리들이 모여 회개로 그리스도를 따르다 보니 위기에 강하고 생존에 강하다. 황파荒波에 거칠게 저항하느라 눈물도 많다. 거리도 친숙하고, 가정도 좋다. 커피 한 잔과 낡은 티셔츠 한 장이면 어디든 좋다. 그러다 보니 멋진 예배 공간이 주어지면 거기서 계속 지내고만 싶어진다. 우리가 여기 있는 것이 좋사오니 막 9:5.

예수님이 베.야. 요. (베드로, 야고보, 요한)를 데리고 변화산에 오르셨을 때와 같다. 우리도 그들처럼 예수님의 의도와 상관없이 내 목소리를 내고 싶을 때가 많다. 이사 가기 싫을 때 그랬다. 그런 멋진 장소가 있었다.

레드빅Red Big, 홍대에 있는 공연장이다. 검색해보면 알겠지만 너무 멋진 곳이다. 최신 음향과 조명, 세련된 인테리어 그리고 시원한 에어컨과 따뜻한 난방이 제공되는 곳. 더군다나 공연장 바로 위, 함께 교제할 수 있는 멋진 커피숍까지!

하나님의 은혜로 그곳에서 주일예배를 진행할 수 있었다. 4년 만에…. 예배가 시작되면서 새신자들도 몰려왔다. 인사와 행정조

직도 시작되었다. 그런데 웨이처치Way Church가 아니었다. 딴 교회 같았다.

무서움을 느꼈다.
4년 만의 일이었다.
정착할 만한 멋진 장소가 주어지자
심각한 변화가 감지되었다.

추운 겨울부터 애지중지 가꾼 농작물 위로 몰아닥친 여름 태풍 같았다. 바람은 나무를 흔들었다. 제자화 중심의 교회 문화가 흔들렸다. 복음 들고 삶의 현장으로 흩어지는 문화가 흔들렸다. 가정과 일터에서 기도와 말씀으로 교회를 살아내자는 약속이 흔들렸다.

흔들릴수록 게릴라전으로 전도와 제자화 사역을 하던 전투요원들은 너무 빨리 내무반 고참들로 바뀌어갔다. 제자화 문화가 새신자 관리문화로 탈바꿈하는 것은 시간문제일 뿐이었다.

특히 새신자들이 가지고 있던 일반적인 주일성수 개념이 태풍의 핵이었다. 그런데 아이러니하게도 그 중심에 새가족을 향한 관심과 사랑과 돌봄이 있었다. 그 바람이 나무 전체를 흔들었다. '주일성수'뿐만 아니라 '월화수목금토 그리고 주일성수'를 위해 매일 복음을 전하자던 사람들마저 흔들렸다. 관점의 변화가 걷잡을 수 없이 확산되었다.

주일 하루 새가족을 돌보는 것이 훨씬 쉬워 보였다. 일주일 내내 스스로 기도하며 말씀묵상하며 삶의 현장에서 주어진 영혼들을 상대하는 건 훨씬 어려워 보였다. 바람은 더욱 세게 불었고 심각한 문제가 생겼다. 주일예배의 은혜를 경건하지 않은 일주일이 주는 고통에 대한 진통제로 악용하는 것을 슬그머니 받아주고 싶어졌다. 관점이 변하자 문화도 변했다. 정착하고 싶은 예배 장소가 주어진 지 불과 6개월 만에!

4년간의 농사가
고작 몇 개월 분 바람에 휘청였다.
아팠다.
자만심을 발견하며 신음했다.

우리는 스스로를 과대평가했다. 교만했다. 건물이 있든 없든 제자화에 집중하리라 착각했다. 이 문제로 교회 리더십이 모여 오랫동안 기도하며 진지하게 대화했다. 그리고 용단이 내려졌다. 문제만 정확히 확인되면 진단은 쉽다. 성경이 있기 때문이다.

역사는 반복된다.

우리는 성경에서 문화정복 명령이 '떠남'에서 시작되며, 예수님의 제자화 명령 역시 그렇다는 걸 확인했다. 재확인이었다. 또한 기독교 건물의 역사와 그 장단점도 확인했다. 이것도 재확인이었다. 그러자 결정은 빠르고 단호했다.
"떠나자!"
"건물을 이길 만한 믿음을 키우자."
"다시 흩어지자."
"제자화 문화를 처음부터 다시 세우자."

리더십의 이 용단에 그들의 반응이 나뉘었다. 100명의 성도들이 있었다. 그 중 절반은 새가족이었다. 누군가는 찬성했고, 누군가는 거절했다. 누군가는 위로했고, 또 누군가는 항의했다. 누군가는 남았고, 또 누군가는 슬그머니 떠나갔다. 우리의 다양한 반응의 공통점은 두려움이었다.

말씀몽둥이가 필요했다. '예수님의 명령에 무조건 순종하기' 실행으로 첫 1년을 고되게 훈련하며 교회 개척의 터를 닦은 사람들이었다. 그들이 다른 길로 가려 했다.

말씀의 강력과

창조의 입김과

재창조의 은혜와

구원이 필요했다.

그로부터 약 3개월 후, 우리는 성경 앞에 함께 섰다. 안락한 주일예배 모임 장소를 포기하고 다시 거리로 나가 밑바닥부터 3개월을 또 굴렀다. 떠남과 새로운 환경, 말씀대로 살아가는 것이 주는 고난에 대한 두려움을 들고 섰다. 그때 예수님은 성경을 통해 우리에게 말씀하셨다. 두려워하지 말라 마 10:31

두려움의 내용은 달라도 두려움에 대한 성경의 처방은 같다. 세상의 수많은 사람들 중 단 한 명도 똑같은 사람은 없다. 오늘 이 땅에는 70억 명의 개별 경험과 인식이 존재한다. 그래서 내가 겪은 두려움이 타인의 두려움과 일치될 리 없다.

그럼에도 불구하고 두려워하지 말라는 명령은 우리 모두에게 해당된다. 제각각 다양한 환경과 경험 가운데 있더라도, 두려움은 공통적이기 때문이다. 우리는 다들 무엇인가를 두려워하며 산다. 그 두려움의 영역은 광범위하고도 다양하다.

자녀가 명문대를 못 갈까 두려워하는 엄마. 좀비 영화를 보고 나서 좀비 바이러스를 두려워하며 악몽을 꾸는 청소년. 테러 소식에 폭탄이 무서워 큰 소리에도 소스라치게 놀라는 아줌마. 언제 직장에서 쫓겨날지, 쫓겨나면 무엇을 해야 할지 두려운 아저씨. 부동산 가격이 떨어질까 무서워하는 할아버지. 막연히 어두움이 무서운 아이. 군 입대가 무서운 남학생. 최근에 생긴 눈 밑 다크서클이 더 짙어질까 두려운 여학생.

야식이 두려운 아가씨. 아이가 생기지 않아 두려운 신혼부부. 자식이 있지만 착하게 크지 않을까 두려워하는 중년부부. 이사를 가라고 할까 봐 두려운 전셋집 거주자. 일본의 지진 뉴스를 보며 백두산 화산 폭발로 자기 집이 무너질까 두려운 부동산 소유자.

회식자리에서 회를 맛있게 먹고 나서 혹시 너무 많이 먹어 미움을 산 건 아닌지 두려운 신입사원. 찍어낸 상품 대금을 제때 못 받아 사원들의 월급을 주지 못할까 봐 두려운 사장.

대학에 합격을 못할까 두려운 고3. 반면에 합격하면 어떻게 학비를 낼까 두려운 고3. 보험 판매를 두려워하는 직원. 두려워서 드는 백세보험 피보험자. 치아가 빠질까 두렵고, 흰머리 늘까 무섭고, 자식이 결혼을 안 할까 봐 두렵고, 결혼할까 봐도 염려인 부모….

두려움은 모든 영역에 있다. 심지어 막연한 것들과 알지 못하는 것들도 두렵다. 외계인도. 귀신도. 처음 보는 생물도 두렵다. 세상 모든 것이 두려움의 대상이 된다. 무엇이 두려운가를 자문해보라. 누구에게나 두려운 것이 있다. 그것을 가지고 성경을 펼치면 한결같은 명령은… **두려워하지 말라** 요 6:20

차례

프롤로그

PART 1 무엇을 믿는가?

믿음이 식으면 확신 대신 불안이, 용기 대신 두려움이 몰려온다.
말씀의 생기를 통해 믿음이 새롭게 되고, 믿음을 통해 담대함을 회복하게 된다.

- **01 : 크리에이터**   19
- **02 : 그분이 지으신 세상**   28
- **03 : 아빠, 우리 아빠!**   35
- **04 : 모두 주셨다**   44

PART 2 왜 두려워하는가?

두려움은 잘못된 판단과 그릇된 행동을 불러오고,
믿음의 행진을 막고 불순종으로 샛길을 연다.

- **05 : 오염된 진리**   59
- **06 : 동문서답**   68
- **07 : 도망자와 추적자**   78
- **08 : 말씀 = 예수님**   93
- **09 : 따라가라**   103

PART 3 하나님을 두려워하라!

무서워하는 모든 것들로부터 하나님께로 도망하라.
가장 두려우신 하나님께로 질주하라.

10 : 두려움 본색   119

11 : 가장 두려운 분   134

12 : 경외함   149

13 : 끝까지 가라   160

14 : 믿음과 두려움 사이   174

PART 4 자신이 누구인지 알라!

하나님은 당신을 사랑하실 뿐만 아니라, 당신을 향한 계획과 목적이 있으시다.
그것은 세상을 정복하고 다스리는 것이다.

15 : 사자가 되어라   193

16 : 죽음을 초월한 존재   213

17 : 두려움과 비전 사이   224

18 : 사랑 안에 두려움이 없다   239

에필로그

PART 1

무엇인가를 두려워한 적 있니?
혹은 지금 그렇게 떨며 살고 있니?
성경을 펼쳐 들고 하나님 앞으로 나아가.
첫발을 떼라고!

두려움을 주는 어떤 환경보다
더 크신 하나님을 묵상해.
두려운 그 어떤 것도
결국 하나님의 손안에 있음을 기억해.
두려움의 순간에 하나님을 떠올려.
사망의 음침한 골짜기를 지나갈 때
그분을 묵상해.

공포와 혼란의 시기를 통과하고 있거든
초점을 바꾸어 봐.
두려움의 대상을 하나님으로 바꾸라고.

무서운 환경과 맞닥뜨려 있거든
기도의 무릎을 꿇고 성경을 펼쳐.
말씀은 "루아흐חור", 창조주의 호흡이야.

죽어가는 신앙,
생명의 저항력이 희미해진 곳에서는
담대함을 찾아볼 수 없지.
담대함은 믿음에 비례하지만
두려움은 불신에 비례하지.

무엇을 믿는가?

믿음이 식으면 확신 대신 불안이,
용기 대신 두려움이 몰려오지.
그럴 때는 다른 게 없어.
잠시 멈춰 무릎을 꿇고 성경을 펼쳐.
그래야 살고, 이길 수 있어!
엎드려서 생명의 말씀을 불어넣어 달라고
부르짖으며 성경을 열어 봐.

꺼져가는 심지 위로
진리의 영이신 성령께서
말씀의 기름을 부어주시기까지
성경 앞에 거하라고!

말씀의 생기를 통해 믿음이 새롭게 되고,
믿음을 통해 담대함을 회복하게 돼.

빛을 밝히면 어둠이 물러가고,
생명의 물줄기가 터지면
죽음의 땅도 촉촉한 생명력으로 진동해.
무엇이 두려운 거야?
지금 말씀을 펼쳐 봐!

01 : 크리에이터

두려움투성이. 인생.

덜컥 겁이 났다. 여덟 살 된 딸이 3년째 중이염을 앓고 있던 지난 겨울, 대학병원 의사가 넌지시 수술을 권했기 때문이었다. 별거 아니라고 했지만 고막에 칼을 댄다는 것이 무서웠다. 나는 한없이 움츠러들었다. 새가슴이 되었다.

심각한 병이 아니라고, 오래 걸리지도 않는 작은 수술이라고 했다. 고막을 살짝 찢고 물을 뽑아내는 관을 삽입하는 시술이었다. 그런데도 겁이 많이 났다. 소름이 돋았다. 내가 그렇게 겁보였는지 그때 처음 알았다.

생각해보면 나는 평생 무엇인가를 두려워하며 살았다. 어린 시절에는 아버지의 사업 실패로 가난이 두려웠다. 중고등학교 시

무서워마라

절에는 반 아이들에게 인기가 없을까 봐, 성적이 오르지 않을까 봐 무서웠다. 대학과 대학원에 진학해서는 원하는 연구 결과를 얻을 수 없을까 봐 겁이 났다.

질병도 두려웠다. 특히 겨울 기침이 시작되면 독감과 천식 같은 기관지 질병들이 무서웠다. 기관지가 매우 약해서 길을 지나다 담배 연기라도 한번 맡으면 몇 달이고 기침이 멈추지 않았다.

때로는 우스운 두려움도 있다. 두려움이 아름다움과 공존할 때다. 강아지를 좋아하지만 개털 알레르기가 두렵고, 봄을 사랑하지만 꽃가루 알레르기가 두렵다. 아내와 연애하던 시절에는 예쁜 여자친구를 잃을까 봐, 결혼해서는 내가 충분히 행복하게 해주지 못할까 봐 무서웠다. 아이를 가졌을 때는 순산을 위해 조마조마했고, 아이가 태어나서는 아이의 울음소리의 의미를 충분히 이해하지 못할까 봐 무서웠다.

작은 것들도 두려웠다. 여름이면 모기떼의 습격이, 기도실의 벌레도 무서웠다. 심지어 예방주사 한 방 맞는 것도 벌벌 떨었다. 또 배냇니를 뽑으러 치과에 갔다가 도망 다닌 바람에 지금 내 송곳니들은 삐뚜름하다.

정말 실망스럽다. 두려울 때마다 '내 신앙은 어디로 갔는가?'라는 자문 앞에 안타깝고 슬퍼진다. 화도 난다.

'왜 나는 이렇게 겁쟁이지?'

우울한 마음에 성경을 펼친다.

아무도. 그분을. 짓지 않았다.

아무도 허공을 딛고 뛰어오를 수 없다. 생각과 감정도 그렇다. 전혀 뜬금없는 두려움은 없다. 이유와 근거가 있다. 외적인 환경요소든 내적인 심리요소든 근거가 반드시 존재한다. 그러나 성경을 펼치면 그 근거가 흔들린다.

지진으로 흔들리는 건물 안에서 속수무책 몰려나오는 인파 같다. '두려움 빌딩'이 흔들리면 그 안에 들어 있던 감정들은 갈 곳을 잃고 두려움 바깥으로 앞다투어 도망 나온다. 충격을 받아서 그렇다. 성경을 펼치자마자 나오는 첫 문장이 그런 충격을 준다.

태초에 하나님이 천지를 창조하시니라 창 1:1

태초… 하나님… 천지… 창조….

이 네 단어만 생각해도 경험적 사고가 딛고 설 기초를 잃는다. 넷 다 경험을 한참 멀리 벗어나 있다. 경험과 감정과 지성 바깥에 있다. 두려움 저 너머에 있다. 지성적 사고의 틀 안에 없다. 두려움의 토대인 경험의 세계를 무너뜨릴 만한 외부의 충격이다.

"태초"라고?

이 모든 것이 시작되기 전이다. 맨 처음이다. 시간 역시 창조된 물리적 차원 안에 들어 있다. 그러나 태초는 그 바깥에 있다. 시간이 창조되기 이전이다. 그러나 단순한 시간성의 처음이 아닌 존재의 근원을 포함한다. 영원을 말한다.

무서워마라

시간의 차원 안에 갇혀 있는 인격적 존재가 지적인지知的認知를 실행할 수 없는 영역이다. 하늘과 땅이 있기 전, 별과 별이 서로 끌어당기기 전, 중력의 법칙이 놓이기 전, 속도와 빛의 상대성이 존재하기 전, 너와 내가 있기 전, 시간이 시작되기 이전이다. 인류가 알지 못하는, 알 수도 측량할 수도 없는 개념이다. 상상을 위해 경험을 사용하기가 불가능한 영역이다. "태초"다. Francis A. Schaeffer, 《Genesis in space and time》, IVP, 15-19쪽

심장이 쿵쾅댄다.

"하나님"이라고?

아무도 그분을 짓지 않았다. 하나님이 모세에게 이르시되 나는 스스로 있는 자이니라 또 이르시되 너는 이스라엘 자손에게 이같이 이르기를 스스로 있는 자가 나를 너희에게 보내셨다 하라 출 3:14 산이 생기기 전, 땅과 세계도 주께서 조성하시기 전 곧 영원부터 영원까지 주는 하나님이시니이다 시 90:2

어느 신학자의 말처럼 창조되지 않은 분에게 "그분을 누가 만들었는가"라는 질문 자체가 허용되지 않는다. 래비 재커라이어스 외, 《하나님을 누가 만들었을까》, 국제제자훈련원, 17-27쪽 항상 계셨고, 지금도 계시고, 앞으로도 계실 분이다.

하나님은 스스로 존재하시는 분이며, 모든 것을 아시고 모든 것을 하실 수 있는 분이다(창 17:1). 심지어 그분이 스스로를 우

리에게 보여주시지 않는다면 우리가 어떤 노력을 기울이더라도 그분에 대해 아무것도 스스로 알아낼 수 없다.

  개미가 인간의 존재를 인지할 수 없는 것과 같이 상대적이다. 하나님이 너무 광대하셔서 인간의 유한성 안에서는 결코 그분을 스스로 알아낼 수가 없다. 그분은 우리가 알 수도, 경험할 수도 없는 크기의 존재이시다. 휴 로스 매킨토시는 계시에 대해 이렇게 이야기 했다. "하나님에 관한 종교적 지식은 어떤 것이든 계시를 통해 얻는다. 그렇지 않다면 우리는 하나님이 자신을 알리지 않더라도 하나님을 알 수 있다는 어처구니없는 착각에 빠진다" – 알리스터 맥그래스, 《신학이란 무엇인가?》, 복있는사람, 361,362쪽

  그분은 내 두뇌와 전 역사의 두뇌들의 합으로도 전혀 담아낼 수 없는 거대한 분이다. 이 모든 것을 시작하신 분이며, 진행하실 뿐만 아니라 마치시는 분이다. 모든 것의 모든 것이시고, 주인이시며, 심판자이시다. 어디에도 계시며 모든 공간과 세계의 운행자이시며, 세상보다도 크시고, 끝을 알 수 없는 우주보다도 거대하신 분이다. 과거 어느 영역을 뒤져도 하나님을 설명하기에는 불충분하며, 지식이 아닌 상상으로라도 그 전체가 측량이 안 되는 분이다. 사고가 먹먹해진다.

"천지"라고?

  하늘과 하늘의 하늘들, 그리고 그 하늘로 만든 땅과 모든 세

무서워마라

계이다. 피조세계와 그 위의 다양한 차원들의 깊이를 다 포함하는 말이다. 눈에 보이는 것과 보이지 않는 전부이자, 물리적 존재와 비물리적 세계와 신비의 모든 것이다.

머리카락 한 올도 천지에 속해 있는 하나님의 창조물이며 그분이 직접 다루시고 관리하시는 천지의 영역이다(마 10:30). 태양 200억 개 질량의 블랙홀로부터 지금 내 손가락과 자판 사이에서 떨어져 나가는 피부세포 입자 하나까지도 창조주께서 직접 지으신 천지의 부분들이다. 피닉스성단 중심 블랙홀, https://youtu.be/F1R0iFq4U0s 거대한 동시에 세밀하다. 소름이 돋는다. 아직 끝나지 않았다. 더 큰 놀라움이 기다리고 있다.

"창조"라고?

제조나 개발이 아니다. 창조다. 최근에 누군가가 무엇인가를 창조한 것을 본 적이 있는가? 기존의 재료를 가지고 재편집하는 것은 창조가 아니다. 창조력을 가지고 무엇인가 새로운 아이디어를 짜낸다고 해도 그것은 창조가 아니다. 아무것도 없는 상태에서 만들어내는 것이 창조다.

어떤 것이라도 완전히 새로운 것은 없다. 새로운 방식의 사고나 예술 작품 자체도 창조는 아니다. 인간이 전제되어 있기 때문이다. 뇌가 선재하기 때문이다. 창조란 인류가 실행한 적도, 본 적도 없는 것이다.

지구에서 1억 5천만 킬로미터나
떨어져 있는 태양을 보라.
은하계를 수놓은 수천억 개의 별들 사이로
태양계의 중심에서
지구의 모든 생물들을 키우고 있다.

저렇게 멀리 있는 별 하나와
지상의 생명들 사이의 유기적 관계를 보라.
광합성 작용을 보라.
모든 것이 서로 깊은 관계를 가지고
상호작용하며 움직인다.
천지의 크기와 신비를 보라.
그리고 이 모든 존재의 시발점의 역동을 보라.
성경은 말한다. "창조하시니라."

세상보다. 더 크신. 분.

성경을 이제 막 펼쳐서 겨우 한 문장 읽었을 뿐인데도, 경험이 정지된다. '도대체 이 책은 뭔가?'라는 생각마저 든다. 두려움이 충격을 받아 오히려 설 자리를 잃는다.

두려운 상황 가운데 용기라도 얻어 볼 양으로 펼쳐 든 성경이었는데, 두려움에 대한 대안은커녕 하나님이 누구신지에 대한 생각으로 아득해진다.

태초부터 이 모든 것을 시작하셨고, 스스로 계시는 분, 저 광활한 매크로의 세계와 이 세밀한 마이크로의 세계를 광대하고도 섬세하게 창조하신 분, 무에서 모든 것을 창조하시고 그 입의 호흡으로 모든 것을 만들어내신 분, 말씀으로 만드신 분. 창조주 하나님. 우리 하나님은 창조주시다.

그리고 그 하나님이 나와 직접적 관계를 맺고 계신다. 곧 창세 전에 그리스도 안에서 우리를 택하사 우리로 사랑 안에서 그 앞에 거룩하고 흠이 없게 하시려고 엡 1:4

창세기 1장을 펼치기 전부터 있었던 인생의 두려움들은 여전히 그 자리에 있다. 하지만 하나님 존재의 크기를 바라보고, 게다가 그분이 나와 직접적으로 연결되어 있음을 보면 두려움의 영역이 지나치게 작아 보이기 시작한다.

'결국 내가 두려워하는 것들도 이 피조세계 안에 속한 것이 아닌가?'

세상보다 더 크신 분을 바라본다면 내가 지금 두려워하는 것이 하나님을 기준으로 상대화된다. 서룩한 색관화가 신행된다.

FEAR NOT 무서워마라

원리 1
창조주 하나님 앞에 서면
두려움은 상대화되어 작아진다.

무서워마라

02 : 그분이 지으신 세상

하늘도. 하나님의. 것.

나는 특전사에서 군 생활을 했다. 특수전 학교에서 처음 밀리터리 강하(降下)를 경험할 때였다. 비행장에 앉아 하늘을 올려다보니 무섭고 긴장되고 감각이 곤두섰다. 상체의 앞뒤로 짊어진 군 무장과 낙하산 수십 킬로그램이 수 톤처럼 느껴졌다. 내 모습이 돌하르방처럼 무겁고 엉뚱해 보였다.

한순간을 위해 지상에서 팀원들과 함께 수십 일 동안 땀을 흘렸다. 하지만 내 몸이 공중에 뿌려지는 그 첫 경험을 몇 분 앞두고 두려움이 나를 덮쳤다. 심장 박동이 귀밑에서, 손끝에서 들려왔다. 눈꺼풀 위에서도 쿵쾅거렸다.

그렇게 하늘을 무서운 마음으로 바라보는데 성령님이 말씀을

떠올려주셨다. 주의 손가락으로 만드신 주의 하늘과… 시 8:3

내게는 하나님이 계셨다. 사실 최초의 강하 경험은 고작 그때까지의 내 경험 안에 없었을 뿐이었다. 그것은 이미 하나님께는 있는 것이었다. 창조주보다는 작디작은, 말할 수 없이 조그마한 것이었다.

굉음으로 달려 나갈 수송기에 가해질 부력의 원리와 하늘로 던져질 몸에 가해질 중력도 하나님이 만드셨다. 낙하산이 펼쳐지며 담아낼 공기 저항의 힘도 그분이 직접 설계하신 것들이었다(욥 38:4). 유난히 두려워 보였던 그 푸른 하늘 역시 하나님의 손가락으로 지으신 것이었다.

하늘이 하나님의 것으로 보이기 시작하사 무서움이 없어셨다. 창조주 하나님에 대한 지식 앞에, 한 번도 경험한 적이 없는 미지에 대한 두려움은 자취를 감추었다. 더 이상 두렵지 않았다. 그러자 정신이 맑고 고요해졌다. 기분이 바뀌었다. 두려움이 날 사로잡았을 때는 내 몸만 보였는데, 그것이 사라지자 주변이 보였다. 조금 전까지 나와 같이 긴장을 많이 하고 있던 동료 팀원들이 보이기 시작했다.

나는 군복 상의 주머니에 있던 작은 성경을 꺼냈다. 입대할 때 어머니가 주신, 표지가 하늘만큼 푸른, 신약과 시편의 합본이었다. 시편 8편을 열어 그 높은 하늘이 하나님이 직접 지으신 것임을 확인했다. 읽고 묵상했다. 가슴이 뭉클해지며 용기가 생겼다.

무서워마라

" 나는 알 수 없는 공간이 아닌
창조주 하나님이 만드신
저 든든한 하늘로 던져지는 것이었다.
그분이 만드신 세상 안에
나와 동료들이 안기는 경험이라 생각하자
용/기/가/ 생/겼/다. "

그래서 팀원 한 명 한 명에게 시편 8편 3,4절을 읽어주었다. 그리고 긍정적으로 반응하는 동료들에게 함께 하나님을 믿자고 말했다. 하나님이 보내주신 예수님이 하나님의 아들이시며 우리의 유일한 구원자라는 이야기도 빼지 않고 했다. 절반이 넘는 동료들이 그때 예수님을 영접했다.

창조주 하나님을 만나자 관점이 내부에서 외부로 바뀌었고, 그러자 다른 사람들이 보이기 시작했다. 동병상련이 느껴졌고, 복음을 전하게 되었다. 그때 함께 믿음을 통과한 사람들 사이로 담대함이 불처럼 번져나갔다.

미지에 대한 두려움 앞에서 창조주 하나님을 함께 찾았고, 말씀을 함께 받아들였고, 하늘을 올려다보며 함께 담대해졌다. 창조주 하나님을 믿기로 작정하는 동료들이 늘어나자 첫 강하에 대한 두려움은 담대함으로 전염되어갔다. 우리의 사기도 덩달아 올라갔다.

하나님보다. 작은. 존재들.

무엇이 두려운가? 두려운 것들 중 하나님의 창조세계 안에 존재하지 않는 것이 있는가? 우리가 두려워하는 어떤 것도 이 피조세계를 벗어나는 것이 없다는 사실이 담대함의 근거가 된다.

빛이 있으라 창1:3 하나님이 말씀하셨다. 그랬더니 빛이 있었다. 그분이 말씀하시는 대로 세상이 지어졌다. 빛이나 어두움이 두

럽다면 하나님께서 빛과 어둠을 나누셔서 낮과 밤을 지으셨음을 기억하라(창 1:3-5). 물과 하늘이 두렵다면 하나님께서 물과 물을 하늘로 나누셨음을 기억하라(창 1:6-8). 땅이나 바다가 두렵다면 하나님께서 물을 한곳으로 모으셔서 땅과 바다를 나누셨고, 땅에는 풀과 나무가 자라게 하셨음을 기억하라(창 1:9-13).

우주의 광활함이나 해와 달과 별들이 두렵다면 하나님께서 해와 달과 별들을 지으셨음을 기억하라(창 1:14-19). 하늘을 나는 새들이나 바다에 사는 그 어떤 짐승이 두렵다면 하나님께서 하늘과 바다의 짐승들을 지으셨음을 기억하라(창 1:20-23). 땅의 동물들이나 혹은 사람들이 두렵다면 하나님께서 땅의 짐승들을 만드시고, 온 세상을 정복하며 다스릴 사람을 그분의 형상대로 만드셨음을 기억하라(창 1:24-31).

창세기 1장 1절, 그 첫 구절의 놀라움을 경험하며, 첫 장의 나머지를 읽다 보면 온 세계가 다 하나님께서 직접 지으신 것임을 알 수 있다. 우리가 두려워하는 모든 것이 그분이 지으신 세계 안 어딘가에 포함되어 있음을 알 수 있다.

모든 세계가 주께 속했다. 하늘이 주의 것이요 땅도 주의 것이라 세계와 그 중에 충만한 것을 주께서 건설하셨나이다 시 89:11 세계가 다 내게 속하였나니 출 19:5

그러면 두려움으로 가쁘던 호흡이 잦아들고, 울렁이던 가슴도 고요해진다. 가장 크게 보이던 두려움도 결국 별것 아님을 알게 된다.

질병이 두려운가?
질병을 떠안은 그 몸을 하나님이 지으셨다.

보이지 않는 미래가 두려운가?
그 미래를 살아나갈 호흡을 하나님이 주셨다.

인간관계가 두려운가?
더불어 살아가는 모든 사람들을 하나님이 지으셨다.

결혼을 못할까 봐 두려운가?
결혼 제도를 누가 만드셨는지 생각해보라.

취직을 못할까 봐 두려운가?
공중의 새, 땅의 꽃, 들의 풀 한 포기도
하나님이 먹이시고 입히신다(마 6:26-34).

동물이나 곤충이 두려운가?
창조주의 호흡이 들어 있는 생물들이다.

무서워마라

식물이나 땅이나 하늘이나 바다나 계곡이 두려운가?

모두 하나님께서 직접 지으신 것들이다.

알 수 없는 존재에 대한 막연한 공포가 있는가?

보이지 않고 증명되지 않은 존재들조차 하나님보다 작은 존재이다.

창조주의 위엄 앞에 두려워 떠는 미물일 뿐이다.

FEAR NOT 무서워마라

원리 2
어떤 두려움의 내용도
결국 피조세계에 속해 있음을 기억하라.

03 : 아빠, 우리 아빠!

무서울. 것이. 없다.

　밀림의 왕 사자와 맞닥뜨리면 절대 안 되지만 새끼 사자라면 견줄 만하다. 사자후도 못하고, 발톱도 작고, 날카로운 송곳니도 없는 어린 사자라면 쓰다듬어 볼 만하다. 전혀 위협이 되지 않는다. 하지만 어른 사자와 마주치면 큰일 난다. 초원에서 새끼 사자를 만나거든 반드시 멀리해야 한다. 아무리 귀엽고 사랑스럽고 만만해 보여도 가까이 가면 큰일 난다. 근처에 아비가 있을 것이기 때문이다. 아비와 독대해야 할 것이기 때문이다.
　아빠 사자가 있는 한 새끼 사자는 약하지 않다. 또 배부를 것이다. 그리고 초원 어디에서도 적수를 찾지 못할 것이다. 아빠가 있는 한 그 작은 녀석을 건드릴 대적은 존재할 수 없다. 아빠 사

무서워마라

자가 동행하는 한 새끼 사자에게는 무서울 것이 없다.

마찬가지다. 하나님이 함께하시는 한 무섭지 않다. 누구도 우리의 적수가 되지 못한다. 그분이 동행하시면 이긴다. 그분이 우리 옆에 계시기만 하면 옹알이도 사자후가 된다. "야옹" 해도 "어흥" 된다. 아빠 하나님께 부르짖을 때면(롬 8:15) 눈물도 무기가 되며, 한숨도 폭풍이 된다.

아빠가. 보고. 싶었다.

1980년대 중반, 중동지역으로 한국의 많은 아빠들이 일하러 가셨다. 그때 여덟 살이었던 아이는 그리움에 시달리고 있었다. 6년째 중동의 한 사막에서 레미콘을 운전하고 계신다는 아빠의 얼굴이 도통 생각나지 않았다. 아무리 기억을 더듬어도 물안개 뒤로 튀는 물고기 꼬리처럼 보이다가 곧 사라졌다.

여름방학이 끝나고 새 학기 첫날, 더 놀고 싶었던 동수는 새 자전거를 타고 학교에 왔다. 반의 61명 중 세 번째로 자전거를 산 녀석이었다. 아빠가 사줬단다. 방과 후 운동장 구석에서 그 번쩍이던 자전거 앞에 30명이 줄을 섰다.

아이는 아직 실내화도 다 못 갈아 신었는데…. 한번 타보고 싶었다. 만져보고도 싶었다. 담임선생님도 따라와 구경하셨다. 아이는 집에 도착해서 가방을 던지며 엄마에게 소리쳤다.

"아빠, 언제 와?"

반의 절반이나 되는 아이들이 줄 선 탓에 새 자전거를 만져보지 못한 아이는 자전거가 갖고 싶었다. 그러려면 아빠가 필요했다. 필요와 그리움의 순서가 조금 헷갈리기도 했다. 엄마는 말없이 걸레로 방을 훔쳤다.

"아빠는 언제 오냐고!"

바닥을 닦던 엄마의 손이 아이의 이마를 쓰다듬었다. 엄마의 눈에 아빠가 가득 들어 있는 것 같았다. 거울처럼 검은 눈동자에 아이도 숨어 있었다.

"응~ 아빠가 보고 싶구나?"

당연히 엄마는 자전거에 대해 몰랐다.

"아니, 내가 물었잖아! 아. 빠. 언. 제. 오. 냐. 고!"

엄마는 대답하려면 생각이 필요했다. 중동 건설 현장의 돈벌이는 가족에게 그리움을 안기는 아픔보다 훨씬 더 큰 이득이 있었나 보다. 처음에는 3년이었던 것이 6년이 되었다. 엄마도 매달 통장에 찍히는 숫자를 통해 아빠의 소식을 들었다.

"네가 말 잘 듣고, 공부 열심히 하면 곧 오실 거야."

듣고 보니 길이 아주 없는 건 아니었다. 고작 두 가지 조건을 충족시키면 될 일이었다. 기억에서도 사라진 분을 다시 만날 수 있다니 정말 놀라운 일이었다. 자전거를 가질 수 있어서 놀라운 것인지도 몰랐다. 어쨌든 그 정도는 어려운 일이 아닌 듯했다. 신이 났다.

무서워마라

"정말이지? 그럼 나 오늘부터 진짜 말도 잘 듣고 공부도 정말 열심히 할 거야!"

그때 아이는 자전거가 갖고 싶었고, 가질 수 없을까 봐 두려웠다. 아니다. 아버지와 재회하고 싶었고, 다시는 볼 수 없을까 봐 두려웠다.

눈물. 씨앗.

엄마는 그 통장의 돈을 한 푼도 쓰시지 않았다. 아빠의 구슬땀이 밴 귀한 것이라고. 그리고 여러 가지 일을 하셨다. 작은 몸으로 두 아이와 노모와 이사를 해야 할 때마다 많이 우셨다. 그러다 산 위의 작은 집에 방 하나를 겨우 빌려 이사 간 첫날, 공동 화장실 앞에서 그만 엉엉 우셨다. 나를 먼저 화장실에 들여보내려고 동네 사람들과 실랑이를 벌이다가 그러셨다.

엄마는 새벽마다 교회에 다녀오셨다. 울다 보니 그랬고, 울다 보니 기도꾼이 되셨다. 사무엘의 엄마인 한나 같았다. 자기 문제로 울러 갔다가 하나님의 은혜를 입었던 사무엘상 1장의 그 여인. 기도를 마치고 집에 돌아오면 어김없이 나와 여동생 머리맡에서 또 기도하셨다. 장판 위로 봄비마냥 기도눈물이 후두둑 떨어졌다.

"하나님, 이 아이들을 잘 키울 수 있도록
지혜와 능력을 주세요.
애들 아빠가 지금 여기에 없습니다.
주님이 이 아이들의 아빠가 되어주세요."
잠결에 하나님이 내 아빠인 것을 들었다.
듣고 또 듣고 매일 들었다.
지성에 박히고, 마음에 새겨지고, 영혼에 물들었다.
"하나님이 나의 아빠다!"

아빠. 하나님.

엄마는 다재다능하셨다. 파출부, 페인트공, 식당 주방보조, 청소부, 리어카 장수, 신문배달부, 야쿠르트 아줌마 그리고 기도꾼이셨다. 게다가 주일에는 성경 선생님이셨다. 교회에 가면 나는 '엄마'라고 부르지 않았다. 성경공부를 가르치는 주일학교 '선생님'이셨다.

아담과 하와의 이야기부터 다시 오실 예수님의 이야기까지, 엄마는 집에서도, 교회에서도, 함께 시장에 갈 때도, 연탄불로 끓인 물로 나를 목욕시킬 때도 가르치셨다. 심지어 내가 영양실조로 더 이상 키가 자라지 않을 것이라는 진단을 받고 병원을 나오면서도…. 잊지 말라고 했고, 잊을 수 없도록 노래로도 가르쳐주셨다.

왕왕왕왕 나는 왕자다
하나님나라의 나는 왕자다

내가 비록 어릴지라도
나는 왕 나는 왕 나는 왕자다

내 앞길 가로막는 자 모두 다 물러나거라
이 세상을 앞장서 가는

나는 왕 나는 왕 나는 왕자다

하나님이 왕이시고 내가 왕자라면 나는 그분의 아들이 아닌가! 잊지 못했다. 이 사실에 대한 망각은 불가능하다. 나는 아직도 이 노래의 율동을 할 줄 안다. 지난 30년 동안 단 한 번도 추지 않았지만 똑같이 재현할 수 있다. 몸에 배고 마음에 입혀진 춤이며 노래다. 영접하는 자 곧 그 이름을 믿는 자들에게는 하나님의 자녀가 되는 권세를 주셨으니 요 1:12

엄마의 기도눈물과 교육의 땀이 내 영혼의 씨앗이 되었다. 덕분에 하나님이 내 아빠임을 잊지 않았다. 그리고 수년 후에 그 씨앗이 발아하기 시작했다. 중학생이 되어 생각이 조금 더 자랐을 때, 한 할아버지 목사님이 읽어주셨던 요한복음 1장 12절 말씀이 마음의 뿌리가 되었다. 영혼의 닻이 되었다.

성경 위에 선 인생이 시작되었다. 창조주를 아빠로 받은 삶에 대한 인식이 믿음으로 출발했다. 새 자전거가 문제가 아니었다. 보고 싶은 쿠웨이트 노동자, 그리운 아빠가 문제가 아니었다.

아빠 하나님과 동행의 농도가 문제였다. 그리움은 아빠 하나님을 향해 재정렬되었고, 결핍에 대한 부정적 인식도 어디론가 사라졌다. 그러자 인생의 두려움을 다루는 엄마의 신앙이 보이기 시작했다.

무서워마라

무서워하며 혼자 우는 엄마의 모습을 많이 봤다. 많이 배우지 못한 여자가 홀로 가계를 이끌며 두 아이와 노모를 섬기는 것이 얼마나 두려운 일이었는지. 그때마다 하나님께로 뛰어가 "아버지!"라고 외치던 엄마의 모습이 '무서우면 아버지라 외치기'라는 실행지식으로 내게 전수되었다. 이제 나도 부르짖는다. 엄마처럼 그렇게.

엄마에게는 하나님이 함께 계시므로 괜찮았다. 나도 그렇다. 두려워질 때 엄마는 교회로 달려갔다. 나도 그렇다. 엄마에게 창조주가 아빠가 되어주셨다. 내게도 되어주셨다. 보통 관계가 아니다. 내 엄마와 하나님은 부녀간이었다. 나도 하나님과 부자간이다.

성경에 쓰여 있다. **무릇 하나님의 영으로 인도함을 받는 사람은 곧 하나님의 아들이라 너희는 다시 무서워하는 종의 영을 받지 아니하고 양자의 영을 받았으므로 우리가 아빠 아버지라고 부르짖느니라 성령이 친히 우리의 영과 더불어 우리가 하나님의 자녀인 것을 증언하시나니 자녀이면 또한 상속자 곧 하나님의 상속자요 그리스도와 함께 한 상속자니 우리가 그와 함께 영광을 받기 위하여 고난도 함께 받아야 할 것이니라** 롬 8:14-17

속삭여도 듣는 하나님이시다. 하지만 성경은 부르짖으라고 말한다. 거칠게 외쳐 큰 소리로 울며 애절하게 말하라. 담대함을 잃은 순간에 내 귀에 먼저 그 부르짖음이 들려야 한다.

두려움에 속아 하나님과 내가 부자지간임을 망각하는 것을 거절하라. 무서운 순간에 너무 쉽게 그것을 잊었음을 회개하라. 부르짖어라. 두려움 가운데 있음을 애통해하며 호소하라.

원리 3
무서우면 "아빠 아버지"라고
하나님께 부르짖어 기도하라.

04 : 모두 주셨다

믿음의. 회복. 시간.

우리도 하나님과 아빠와 자식의 관계 안에서 부르짖는다는 사실을 믿어야 한다. 그 믿음 안에서 우리에게 두려움은 없다. 오히려 두려울 때 "아빠"라고 부르짖음으로써 그 관계를 재확인하는 시간을 가져야 한다. 믿음의 회복 시간이다. 이것은 종교적이거나 광신적이지 않다. 성경적이다. 성경이 명령하는 것이다.

두려울 때 울부짖어 아빠를 부르는 것은 두려움을 물리치는 믿음의 행위이다. 그때 믿음이 회복된다. 그러면 두려움이 떠난다. 조용히 기도할 때가 있고, 크게 외쳐 기도할 때가 있다. 무서울 때 크게 기도하라.

불신의 마음을 몰아낼 때는 외쳐 기도하라. "아빠"라는 울부짖음이 적진의 철퇴가 되어 무서움을 부수고 불신을 깨뜨릴 때까지 계속하라. 소리를 높여라.

예수님도. 부르짖어. 기도하셨다.

아무도 내게 노래하는 법을 가르쳐달라고 하지 않는다. 왜냐면 나는 노래를 못하기 때문이다. 그러나 가끔 성경과 교회론을 가르쳐달라는 사람들은 있다. 왜냐면 누군가의 눈에 내가 성경 전문가처럼 보였기 때문이다.

제자들은 예수님께 기도를 가르쳐달라고 했다(눅 11:1). 그들은 다른 어떤 것에 대해 가르쳐달라고 요구한 적이 없다. 예수님께 선교나 축귀逐鬼, 앉은뱅이를 일으키는 법을 가르쳐달라고 했다는 기록은 성경에 없다. 다만 그들이 뭔가를 가르쳐달라고 요구했다는 기록은 기도에 대해서만 나온다. 앤드류 머레이,《무릎학교》, 규장, 21쪽

제자들이 볼 때 예수님은 늘 기도하셨고, 그 모습은 기도의 전형이자 전문가로 보이기에 충분했다. 예수님의 우선순위는 기도였고(눅 5:15,16, 6:12,13), 바쁠 때일수록 더 기도하셨으며(막 1:35-37), 그분은 하나님이심에도 불구하고 기도의 습관을 가지고 계셨던 데다가(눅 22:39), 사역 때문에 기도할 시간이 없을 때는 억지로라도 기도의 시간과 장소를 만드셨다(마 14:22,23). 또한 가장 중요한 순간에 밤새워 기도하는 모습도 보여주셨다(마

4장, 막 14장). 예수님은 기도 전문가셨다.

예수님의 그런 모습은 사도들을 통해 초대교회에 말과 기도 행위로 전해졌고, 히브리서에도 기록되었다. 그는 육체에 계실 때에 자기를 죽음에서 능히 구원하실 이에게 심한 통곡과 눈물로 간구와 소원을 올렸고 히 5:7

심한 통곡과 눈물로 부르짖어 기도하는 것은 성경에서 명령한 것일 뿐만 아니라 예수님의 모습이기도 했다. 또한 초대교회가 따랐던 기도의 모습이며 오늘날 우리의 모습이기도 하다. 예수님을 따르는 사람들은 그분의 기도 모범도 따른다. 부르짖으며 심한 통곡과 눈물로 기도한다.

우리도 예수님처럼 기도하고 기도하다가 예수님 같은 기도 전문가로 주변인들에게 보여지면 좋겠다. 늘 기도가 우선순위이며, 바쁠수록 더 기도하고, 기도의 시간과 장소가 정해져 있고, 그것을 억지로라도 만들어내며, 중요한 일 직전에는 밤을 지새워 길게 기도에 집중하는 사람들이 되면 좋겠다.

한편, 부르짖는 기도는 예수님의 기도 모범을 따르는 것인 동시에 예수님 때문에 가능해진 일이다. 그분이 안 계셨더라면 하나님과 우리는 원수 관계였을 뿐이다. 성경은 말한다. 곧 우리가 원수 되었을 때에 그의 아들의 죽으심으로 말미암아 하나님과 화목하게 되었은즉 롬 5:10

예수님 덕분에 아버지와 자녀의 관계로 회복되었다(요 1:12). 그와 함께 하나님의 독생자가 자신을 믿는 모든 자들에게 기도의 권한을 주셨다(요 16:23-27). 예수 그리스도를 믿는 믿음 안에서 하나님을 아버지로 대하며 기도할 수 있게 하셨다(마 6:9). 그래서 부르짖어 기도할 수 있게 되었다.

사실 기도할 때 꼭 부르짖을 필요는 없다. 하나님은 우리가 속삭여도, 생각으로 말해도 들으신다. 작은 신음에도 응답하시고, 소리 없이 눈물만 흘려도 응답하신다.

그러나 정작 내 귀가 문제다. 내가 안 들리는 것이 문제다. 내 믿음의 귀가 멀었을 때는 부르짖어야 한다. 더욱 외쳐야 한다. 간절히 소리를 높여야 한다. 내가 그리스도 안에서 하나님의 자녀가 되었음을 외쳐야 한다. 믿음이 잠들어버린 그 심령을 큰 소리로 깨워야 한다.

불신이 자리 잡은 마음을 그 소리로 흔들어야 한다. 두려움 때문에 믿음의 귀가 멀었을 때는 하나님이 아빠 되심을 그 심령 가운데 크게 선포해야 한다. 더욱 간절히 목소리를 높여야 한다. 생각이 행동을 낳지만, 마비된 생각을 흔들어 깨우려면 때로는 행동이 앞서야 한다.

외침이 행동이다. 불신의 마음을 향한 신앙행동의 쇠몽둥이가 바로 부르짖음이다. 하나님이 내 아빠시라는 부르짖음이다. 나는 고아가 아니고 아빠 자식이며, 그분은 내 하늘 아버지, 창조

무서워마라

주시라는 외침이다.

내게 하늘 아버지가 계신다는 심한 통곡과 눈물로 두려움을 뚫고 불신의 벽을 부숴라. 예수 그리스도의 부르짖음을 통해 하나님과 원수 관계는 이미 산산이 부서졌다. 그리고 아빠와 자녀 관계로 회복되어 새로워졌다. 이제는 우리 차례. 불신의 순간, 두려움이 임한 순간에 부르짖어라. 아빠를 불러라.

하늘 아버지를 불러라. 부르짖으며 기도하라(롬 8:15). 이것은 기적이며 특권이니 확실히 누려라. 내가 내 음성으로 하나님께 부르짖으리니 내 음성으로 하나님께 부르짖으면 내게 귀를 기울이시리로다 시 77:1

부르짖게. 하시려고. 다 주셨다.

은혜다. 하나님을 아빠 아버지라 부르짖는 특권은 공짜로 주어졌다. 하나님께서 직접 자신의 독생자를 보내셔서 모든 대가를 다 지불하신 후 믿음을 통해 우리에게 거저 주셨다. 우리가 감히 불신과 두려움 속에서조차 하나님을 "아빠"라고 외쳐 부르며 기도할 수 있게 된 배경은 크고 깊다. 참혹하기까지 하다. 그리스도의 희생을 통해 얻은 은혜다.

죄인이 어떻게 하나님을 아버지로 부르는 관계 안에서 기도하게 되었는가? 그리스도의 희생을 통해서 가능하게 되었다. 나도 아빠라 희생이 무엇인지를 안다. 아빠는 자식을 희생시키지 않는다. 오히려 자신을 희생시켜서 자식을 얻는다. 자식이 너무 소중해서다. 자기 몸보다 훨씬 더 소중하기 때문이다. 그래서 모든 것을 희생하는 한이 있어도 아이를 지킨다. 어떤 아빠도 자식을 희생시켜서 무엇인가를 얻지는 않는다.

사랑이 희생 위에 선다. 하지만 자식을 희생시킬 정도의 사랑은 세상에는 존재하지 않는다. 자식은 아빠의 전부다. 그 전부를 내줄 큰 사랑이 우리 죄인들에게는 없다. 만약 그런 사랑이 있다면 그것은 상상을 초월하고 경험을 넘어서는 사랑이다. 이해할 수 없는 사랑이다.

그러나 그리스도의 희생을 보라. 우리의 하늘 아버지께서는 자신의 독생자를 희생시키셔서 우리를 구원하셨나. 회복하셨다. 되찾으셨다. 그리고 다시 우리에게 모든 것을 주셨다. 그런 사랑은 세상에 없다. 측량이 안 되는 사랑이다.

그리스도는 하나님이 우리를 어떻게, 얼마나 사랑하시는가에 대한 확증이다(롬 5:8). 그분은 죄인이 갖게 된 회개 능력의 원천이며, 창조주와 죄인들 사이의 관계를 아빠와 자식 사이로 바꾸신 원리이다. 그리스도 외에는 누구도 하나님과 우리 사이에 구원의 길을 낼 수 없다.

그분은 하나님의 의의 기준, 공의의 방법, 사랑의 확증이다. 하나님이 주신 유일한 진리이며 생명이신 나사렛 예수, 그분은 그리스도시다. 그분을 우리가 받았다. 하나님의 모든 것을 받은 것

이다. 그리스도는 하나님의 전부이시기 때문이다. 그 전부를 희생시킬 정도로 우리를 사랑하신다.

하늘 아버지라 부르짖을 때, 그분이 전부를 주셨음을 상기하라. 믿으라. 자신의 전부를 주신 분이 어떤 것인들 더 주시지 않겠느냐는 로마서의 질문 앞에 믿음을 회복하라. 독생자를 이미 주셨고, 모든 것을 더 주신다. 그런 분이 우리의 아버지시다.

부르짖으며 두려움을 깨고 이 믿음을 회복하라. 믿음의 눈을 열어 그 희생과 사랑을 보라. 믿음의 귀를 열어 그 음성을 들어라. 자기 아들을 아끼지 아니하시고 우리 모든 사람을 위하여 내주신 이가 어찌 그 아들과 함께 모든 것을 우리에게 주시지 아니하겠느냐

롬 8:32

아이가. 부르짖으면. 아빠는. 집중한다.

형제들은 주로 아빠가 되면서 하나님 아버지의 마음을 더욱 묵상하게 된다. 나도 아빠가 되고 나니 그랬다. 특히 신생아의 울부짖음은 경이로웠다. 시간이 지나면서 신기하게도 내 아이의 그 많은 울음소리들이 모두 다르게 해석이 되었다.

영아 전문가나 발달심리학자가 아닌데도 마음을 쏟았더니 울음의 의도가 마음으로 느껴졌다. 아이가 울 때마다 뭐든 하다 보니 어느 순간에 이해가 되었다. 그렇게 많은 종류의 "응애~!"가 있는지 딸을 키우면서 배웠다. 그전에는 알 수 없었다. 아저

씨 귀에는 들리지 않던 것들이 아빠 귀에는 들렸다.

크게는 '짜증'과 '결핍'이 있다. 그 안에는 다양한 악센트가 있다. 울음의 앞부분이 높으면 결핍이 있다는 뜻이고, 뒷부분이 높으면 짜증이 난다는 뜻이다. 앞부분이 길면 감정 표현이고, 뒷부분이 길면 눈치를 보거나 하고 싶은 이야기가 있는 것이다.

그 내용도 다양하다. 눈이 부시거나, 온도가 맞지 않거나, 카시트에 앉기 싫거나, 무엇인가를 입가로 만져보고 싶은데 잘 안 되거나, 속이 더부룩하거나, 어딘가 아프거나, 엉덩이가 습하거나, 목이 마르거나, 배가 고프거나 등등. 때로는 아무 이유 없이 울기도 한다.

하늘 아버지를 보라. 내가 울 때 함께 우시고(요 11:35), 나의 부르짖음에 귀 기울이시고 응답하시며(시 18:6, 106:44,45), 내가 아직 죄인 되었을 때에 모든 대가를 다 치르고 구원을 선물하셨으며(롬 5:8), 한 여인의 눈물에도 전심으로 응답하셨던 분(삼상 1:20)이다.

우리 하늘 아버지께서 인생의 눈물을 살피신다. 온 생각을 집중하고 온 영혼을 쏟아 자신의 전부이신 그리스도를 보내시기까지 사랑하사 기도의 자격까지 부여하시며, 우리의 눈물의 부르짖음을 다루고 계신다. 부르짖음을 통해 아빠 하나님이 모두 주셨다는 믿음을 깨워 담대함으로 일어나라.

딸에게

나는 네가 눈물을 흘리던 순간들을
수도 없이 보아왔단다.
네가 울면 나도 운단다.
네가 아프면 나도 아프단다.
내가 소리치며 울 때,
내 가슴이 저려온단다.

혹여 울면서 "아빠"라고 부르기라도 하면
정말 너를 돌보는 것 외에는 아무것도 할 수가 없단다.
네 눈물을 닦아주고 안아주며 왜 우는지 살펴보는 것 외에는
다른 일을 할 수가 없어.

네가 단지 눈물을 뚝뚝 흘리기만 해도
아빠는 그 의미가 뭔지 진지하고 자세히 유추해보고.
예전에 흘렸던 네 눈물들과 비교해보고.
슬픔 때문인지. 기쁨 때문인지. 원하는 게 있다는 뜻인지.
몸이 아프다는 것인지. 밥이 먹고 싶은 건지.
물이 마시고 싶은 건지. 잠이 온다는 것인지
혹은 더 놀고 싶다는 것인지…
정말 많이 생각해보게 된단다.

사랑하는 딸아
네가 울 때 나도 운단다.
그러면 네 눈물의 온도가 내 볼에서 느껴지지.
네가 많이 울면 나도 많이 운단다. 네가 내 아이라서 그렇지.
네가 울면 나는 그 의미를 헤아려보는 것 외에는
다른 일을 할 수가 없단다.

무서워마라

나는 네 아빠니까,
네가 세상에서 의지할 수 있는 유일한 대상이니까,
세상에서 네 아빠는 나 하나뿐이라서
네 눈물을 결코 그냥 지나칠 수 없단다.

사랑하는 아이야
그래서 네 눈물에는 능력이 많단다.
네 눈물은 내 모든 관심과 주의를 빼앗을 수 있고,
내게서 무엇이든 가져갈 수 있고,
이 아빠가 너만 바라보게 할 수 있는 것이란다.
네 눈물은 능력이 많단다.

나는 항상 너보다 강하지만,
네가 울 때면 너보다 약해진단다.
사랑해서, 아빠라서 그렇단다.
그러니 너는 울 줄만 알아도 괜찮아.
네 생각을 분명히 전달할 수 없어도,
네게는 눈물이 있으니 괜찮단다.
눈물이 있는 한, 아무것도 걱정하지 않아도 돼.

네가 아직 말을 잘 못하는 것을 내가 알고, 이해하고,
게다가 늘 옆에서 돕고 있으니 염려 없단다.
네가 처한 상황을 직접 다 설명하지 못해도,
심지어 자신의 고통을 다 이해할 수 없어도
아빠는 알 수 있단다.
네가 일일이 다 설명할 수 없어도 전혀 걱정할 것이 없단다.
아빠가 네 울음의 의미를 알기 때문이야.
네 소원과 상황과 네 눈물의 원인을 아빠가 살피고 있단다.

원리 4
무서워마라

하늘 아버지께서 내게 그리스도를 주심으로
모든 것을 다 주셨다는 사실을 믿으라.

무서워마라

PART 2

내일 어디로 팔려나갈지 모르는
일용노동자의 밤은 잠보다는 술을 부르지.
내일 일이 두려워서야.

치열한 전장에서 군인이 맞은 하루 휴식도
재충전보다는 방황을 불러오기 쉽지.
전사할지도 모른다는 두려움 때문이야.

두려워지면 판단이 흐려지고
오판은 행동을 망치게 해.
그리고 그것들이 쌓이면 삶이 꼬이지.

성경의 인물들을 봐.
아담과 하와는 불순종으로 두려워져서
하나님의 질문에 잘못된 대답들을 늘어놓다가
결국 에덴동산에서 떠나야 했어.

가인은 아벨을 시샘하여 살인한 후
살해의 두려움에 떨다가
하나님이 주신 은혜의 표를 무시하고
결국 에녹성을 건설하고
그 안에서 죄짓고 눌러 살다 끝났지.

하나님의 명령대로
본토 친척 아비의 집을 담대히 떠나
가나안으로 출항하던 아브람호는

왜
두려워하는가?

배고픔 앞에서 순종을 멈추었어.
그러자 두려워졌지.
급기야 아름다운 아내를 애굽 왕에게 팔아버렸어.

요셉을 알지 못하는 애굽의 왕은
이스라엘 백성들의 수가 두려웠지.
그러자 히브리인 남자아기들을
태어나는 족족 모두 살육하는 잔인한 일을 벌였어.
다 이야기하자면 끝도 없지.

두려움은
잘못된 판단과 그릇된 행동을 불러오고,
믿음의 행진을 막고 불순종으로 샛길을 열지.

추수할 들판을 향해
그리스도의 전진 명령이 떨어져도
두려움의 사람들은 일시적 안전을 위해
불순종을 서두르게 돼.
두려움이 순종을 가로막기 때문이야.

얼어붙은 강 위로 노를 저어갈 수 없듯,
두려움으로 정지된 믿음 가지고는
순종을 향해 정진할 수 없지.
그럼에도 불구하고 두려움은 쉽게 멈추지 않아.
왜, 왜, 왜 그럴까?

05 : 오염된 진리

두려움의. 원인.

말씀의 부재가 두려움의 원인이다. 그것은 순도가 높은 것이어서 약간만 오염되어도 전체를 버리게 만든다. 자신의 생각을 말씀에 약간이라도 가미하거나 빼면 진리가 아닌 것이 된다. 없는 것과 같은 상태가 된다. 성경은 고도로 정결한 말씀이다. 약간이라도 이물질이 섞이면 전체가 망가진다.

여기서 오염은 부재不在와 같다. 그런 일은 우리에게 흔히 일어난다. 말씀에 대한 경외감과 자기를 위하는 교만함 사이에서. 감히 하나님의 말씀을 아예 무시할 수는 없다. 대신 살짝 오염시키는 일은 쉽다. 예수님'만' 사랑하는 것이 아니라 예수님'도' 사랑하는 모습 같다.

차든지 덥든지 둘 중 하나를 선택해서 마음을 모아야지, 미적지근하게 섞여버리면 곤란하다. 그런데도 우리는 어중간함을 즐긴다. 뜨거움을 광신으로 매도하고, 차가움은 정죄하며 회색지대에 선 자신을 자랑한다.

말씀을 존중하며 살지만 말씀에 어떤 오염도 가하지 않고 그대로 따르는 사람은 매우 드물다. 많은 경우, 자기 판단을 기준으로 오염을 일으키며 개인의 이득을 추구한다.

순도뿐만 아니라 동기도 문제가 된다. 왕을 위해 어명을 받들면 충신이지만, 자신을 위해 이용하면 간신이 된다. 주님을 높이고 자신을 낮추는 마음이 겸손이고, 그 반대가 교만이다.

말씀을 있는 그대로 받아들이면 겸손이고, 자의로 희석시키면 교만이다. 하나님을 하나님으로 대하지 않는 행동이다. 죄이다.

죄는 두려움의 기원이다. 이것은 에덴동산에서 시작된 이야기다. 여호와 하나님이 그 사람을 이끌어 에덴동산에 두어 그것을 경작하며 지키게 하시고 여호와 하나님이 그 사람에게 명하여 이르시되 동산 각종 나무의 열매는 네가 임의로 먹되 선악을 알게 하는 나무의 열매는 먹지 말라 네가 먹는 날에는 반드시 죽으리라 하시니라 창 2:15-17

변절자.

하나님의 형상대로 창조된 인류는 선악과 법을 지키는 한 언제 어디서나 정복자가 될 수 있었다. 법을 지킬 때 그들은 통치자들이었다. 창조주의 명령을 따를 때 그들에게는 적수가 없었다. 법을 따를 때 그들은 창조주와 함께 동산을 거닐었다(창 3:8).

무시무시한 존재였다. 그들의 머리 위로는 하나님 한 분뿐이었다. 2인자여도 지상에서 가장 높았다. 모든 세계가 다 복종했다. 하나님의 전적 지지를 받는 그들은 창조주께서 지상에 직접 보내신 대리통치자였다. 그들은 무서울 것이 없었다. 담대했다. 그때 뱀이 질문했다. 하나님이 참으로 너희에게 동산 모든 나무의 열매를 먹지 말라 하시더냐 창 3:1

뱀은 원문에 "참으로"라는 부사 하나와 "모든"이라는 관형사 하나를 가미하고 끝에 물음표를 넣었다. 전체를 버리게 만드는 작은 오염이었다. 진리의 탈을 쓴 교묘한 거짓이며, 오염된 진실이었다.

오염된 질문은 오염된 대답을 낳았다. 동산 나무의 열매를 우리가 먹을 수 있으나 동산 중앙에 있는 나무의 열매는 하나님의 말씀에 너희는 먹지도 말고 만지지도 말라 너희가 죽을까 하노라 하셨느니라 창 3:2,3

하와도 원문을 바꾸었다. 약간 더하고 약간 뺐다. "먹지 말라"는 원문에 "만지지도 말라"라는 자신의 생각을 첨가했고, "반드시 죽는다"라는 명령을 "죽을까 한다"로 희석시켰다. 약간의 오염이 전체를 망쳤다.

3억짜리 와인이 있다. 그 병에 수돗물 한 숟가락만 넣어도 다 갖다 버려야 한다. 하물며 말씀에 자기 생각 두 수저를 첨가했는데 어떻게 될 것 같은가? 다 갖다 버리게 된다.

말씀을 어길 수는 없었다. 하지만 오염시킬 수는 있었다. 그러자 불순종의 길이 열렸다. 여자가 그 나무를 본즉 먹음직도 하고 보암직도 하고 지혜롭게 할 만큼 탐스럽기도 한 나무인지라 여자가 그 열매를 따먹고 자기와 함께 있는 남편에게도 주매 그도 먹은지라 창 3:6

2인자는 그렇게 1인자를 배반했다. 질서는 망가졌고, 불순종의 자식들로 변절한 인류는 자신들의 모습을 부끄러워했다. 뒤이어 두려움이 왔다. 번개 뒤 천둥 같았다.

부끄러움과. 두려움.

변절자들은 자기 몸이 부끄러웠다. 이에 그들의 눈이 밝아져 자기들이 벗은 줄을 알고 무화과나무 잎을 엮어 치마로 삼았더라 창 3:7

뉴스 특종에 나오는 연행범들이 양팔을 경찰들에게 잡힌 채 허름한 점퍼라도 뒤집어쓰는 것처럼 아담과 하와도 고작 나뭇잎 몇 장 엮어 겨우 몸을 숨겼다. 하나님 앞에서도, 서로에게도 부끄러웠다. 숨고 싶었다.

몸뚱이에서 치욕이 구더기처럼 스멀댔다. 털어내고 싶었다. 처음으로 적나赤裸가 떨렸다. 없어지고 싶었다. 그래서 숨었다. 그들이 그 날 바람이 불 때 동산에 거니시는 여호와 하나님의 소리를 듣고 아담과 그의 아내가 여호와 하나님의 낯을 피하여 동산 나무 사이에 숨은지라 창 3:8

벌거벗은 몸 위로 바람이 불었다. 태초에 수면 위를 운행하시던 하나님의 호흡이 변절자들에게 불어왔다. 진흙덩이 위로 몰려들었던 하나님의 생기가 불순종으로 망가진 몸을 추적해왔다. 그 바람은 앞으로 홍해 바다를 밀어내고 땅을 말려버리며, 골짜기의 마른 뼈들을 일으키고, 궁극적으로는 죄인들을 새로운 피조물로 바꿀 생명의 바람이었다. 창조주의 능력이었다.

하나님의 추적은 실재였다. 바람과 소리가 있는 실존이었다. 죄를 짓는 순간에는 말씀의 법을 잠시 잊어 멀리했던 하나님과의 거리가 코앞으로 다가와 섬뜩했다.

달콤했던 불순종은 뱃속에서 비릿했다. "따 먹으면 사형"이라는 죄문이 어른거렸고, 동산의 나무들은 바람에 바들거렸다. 직접 지어 입었던 무화과 나뭇잎 몇 장도 그들과 함께 떨었다.

무서워마라

믿음은. 말씀에서. 나온다.

바꿔 말하면, 말씀을 지키면 무섭지 않다. 순종하면 두렵지 않고, 오염되지 않은 진리로 보존하면 수치도 두려움도 없다. 한 권의 책, 성경에 모든 것이 달려 있다.

> 주여, 나로 한 권의 책의 사람이 되게 하소서 존 웨슬리

성경 한 권이 인생의 등불이고, 교회의 법전이며, 우리의 제자화 교재다. 원전에 대한 직접적인 독서와 그 내용을 소화하는 수행이 없다면 그에 대한 참고서적 수백 권을 읽더라도 의미가 없다. 지금 읽고 있는 이 책도 마찬가지다. 성경을 읽지 않는다면 소용이 없다. 수만 권의 양서들로 마음을 채워도, 성경 한 권에 사로잡힌 한 영혼에 터무니없이 못 미친다.

두려움을 물리치고 믿음을 회복하는 방법은 말씀이다. 성경이 믿음의 근거다. 성경에서 믿음이 난다(롬 10:17). 말씀이 귀를 통해 마음에 심겨져야 믿음이 자라나며, 말씀을 봄비처럼 들이켜야 말라붙은 믿음이 다시 움튼다.

지도가 있음에도 길을 잃어서 기준점이 흩어졌다면 더 멀어지기 전에 출발점으로 돌아가는 것이 상책이다. 신구약성경은 언제나 기준점이다. 두려움이 불신앙을 낳고 불순종을 가져왔다면, 아직 부끄럽기만 할 때 말씀 기준으로 되돌아가는 것이 최

선이다. 주의 말씀이 심히 순수하므로 주의 종이 이를 사랑하나이다 시 119:140

든든한 반석 위에 닻 내린 배는 거센 물결에도 쉽게 흔들리지 않는다. 말씀에 기초한 인생도 그와 같아서 두려움의 파고가 높아도 의연하다. 몰리고 쏠려 일희일비一喜一悲하지 않는다. 든든히 설 수 있다.

말씀은 고도로 순수하다. 함부로 바꿀 수 없는 기준이다. 근거가 없는 결정은 언제든 변경될 수 있고, 출발점이 없는 발돋움은 다 허탕으로 돌아가겠지만, 말씀이 기준이 되면 믿음과 확신이 인생을 지지하게 된다. 지용훈,《말씀으로 생각을 태우라》, 규장, 151-154쪽 두려움은 물러간다. 너는 배우고 확신한 일에 거하라 딤후 3:14

말씀을 바꾸면 불순종과 수치와 두려움이 연달아 몰아친다. '아' 다르고 '어' 다르다. 더하거나 빼면 안 된다. 있는 그대로 보고 들어야 한다. 회개로 시작하고, 진리의 영이신 성령님의 인도를 받으며, 하나님을 하나님으로 대하고 말씀을 말씀으로 대해야 한다. 성경책을 한 손에 들고 이렇게 외쳐보자.

이 성경은 나보다 크고 세상보다 크신

하나님의 말씀입니다.

이 책의 내용을 내 생각으로

감히 함부로 오염시키지 않겠습니다.

이 책을 읽고 묵상하고 암송하고

연구하고 실행하겠습니다.

성령께서 선생이 되셔서

이 책에 대해

날마다 내게 직접 가르쳐주실 것입니다.

원리 5

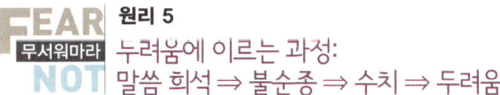

두려움에 이르는 과정:
말씀 희석 ⇒ 불순종 ⇒ 수치 ⇒ 두려움

06 : 동문서답

혼란스러운. 대답.

오염된 진리는 가짜라서 죄인의 마음에 믿음을 불러일으킬 수 없다. 말씀땔감을 잃은 마음화로에 믿음의 열기가 사라지는 것은 시간문제다. 믿음이 식으면 두려움이 뜨거워진다. 불신은 수치를, 수치는 공포를 만든다.

불순종한 죄인에게 하나님은 회개의 기회를 주시려고 찾아오셨다. 숨어 있는 아담에게 어디 있느냐고 물으시면서 말이다. 아담이 대답했다. 내가 동산에서 하나님의 소리를 듣고 내가 벗었으므로 두려워하여 숨었나이다 창 3:10

혼란스러운 대답이다. 짧은 말 안에 많은 정서가 들어 있다. 창조주의 핵심 피조물이 그 피조세계에서 그분으로부터 숨을 수 있겠는가? 그것도 에덴동산에서? 또, 하나님의 소리가 왜 숨을 이유가 되었는가? 더군다나 벗은 것과 두려움은 어떻게 연결되었는가? 다 모른 척한다 해도, 숨어서 대답하는 태도는 또 무엇인가? 앞뒤가 하나도 맞지 않는다.

  이 모든 상황을 모르실 리 없는 하나님은 거기서 끝내지 않고 다시 질문하셨다. 복합적인 감정 가운데 자신의 불순종을 객관화하지 못하는 죄인에게 먼저 물어봐주셨다. 혼란을 정리해주려고 시도하셨다. 부끄러움과 두려움, 벗었다는 사실과 숨는 행위 사이의 연결고리에 대한 질문이었다.

  즉각적인 심판이 아닌, 대화 시도였다. 회개로의 견인이었다. 오염된 더러운 물을 다 밀어낼 만큼의 정정수가 다음 질문을 통해 부어졌다. 누가 너의 벗었음을 네게 알렸느냐 내가 네게 먹지 말라 명한 그 나무 열매를 네가 먹었느냐 창 3:11

  뱀의 심장을 파고드는 검 같은 물음이었다. "누가?" 어려운 질문이 아니었다. 질문에 답이 들어 있었다. 너무 뻔한 힌트가 거기 있었다. 그는 선악과를 먹었기 때문에 숨은 것이었다. 그렇게 대답하면 되었다. 정답은 '죄'이고 '불순종'이었다. 그래서 부끄럽고 두려웠던 것이다.

  그러나 아담은 엉뚱한 말을 했다. 하나님이 주셔서 나와 함께 있게 하신 여자 그가 그 나무 열매를 내게 주므로 내가 먹었나이다 창 3:12 답에서 많이 빗나간 말이었다. 질문도 어렵지 않았고, 힌트도 있었는데, 틀렸다. 오답이었다. 서로 다른 곳에 있었던 것처럼 질문과 대답의 방향이 달랐다. 그는 동문서답을 했다.

아담의 마음에 하나님의 질문을 못 듣게 만드는 무언가가 있었다. 선한 사람은 마음에 쌓은 선에서 선을 내고 악한 자는 그 쌓은 악에서 악을 내나니 이는 마음에 가득한 것을 입으로 말함이니라 눅 6:45

아담의 마음속에는 심판 받고 죽임 당할 것에 대한 두려움이 가득했다. 그 공포 속에서 아담은 뉘우침보다는 죄를 나눠 지고 갈 공범부터 지목했다. 가장 사랑하는 사람의 허물을 들추어냈다. 뿐만 아니라 하나님에 대한 심각한 반란을 염두에 두고 있었다. 하나님이 주셔서 나와 함께 있게 하신 여자 그가 그 나무 열매를 내게 주므로 창 3:12

이것이 얼마나 심각한 동문서답인지 하나씩 살펴보자.

아담의. 동문서답.

"하나님이 주셔서"

아담은 죽음의 원인을 자신의 불순종이 아닌 하나님께 두고 있다. 이 대답 안에는 '하나님께서 하와만 주지 않으셨어도 괜찮았을 것'이라는 주장이 깔려 있다. 하나님을 향한 공격의 시작이다. 이것은 마치 죄수가 자기 죄의 원인이 판사라고 주장하는 것과 같다.

원인이 없었다면 결과도 없다. 모든 원인의 원인, 그 최종 원인은 궁극적으로 하나님이시다. 그러나 그분이 죄의 원인은 아니시다. 하나님은 죄를 짓지 않으셨다. 인간이 죄를 지었다. 하나님이 죄를 만드셨기에 인간이 죄를 지은 것이 아니다. 오히려 하나님은 인간을 의지를 가지고 독립적으로 결정할 수 있는 존재로 지으셨다.

스스로의 결정에 의해 하나님께 순종하기를 선택할 수 있는 존재로 지으셨다. 인간의 독립성은 하나님과 교제하기 위함이지 죄를 시작하기 위함이 아니었다. 죄는 인간이 시작했다. 그 불순종을 선택한 것은 인간이었다. 아담은 창조주와 관계를 스스로 깨뜨렸다.

유혹은 스스로 죄를 만들지 못한다. 우리의 불순종을 통과해야 비로소 죄를 낳을 수 있다. 유혹의 재료였던 선악과는 오히려 하나님의 말씀에 대한 순종을 보여줄 수 있는 장치이기도 했다. 에덴동산에 있는 선악과는 한 그루뿐이었다.

그보다 더 큰 세계가 아담 앞에 펼쳐져 있었다. 다른 모든 나무의 열매는 다 먹어도 되었다. 금지된 나무는 한 그루뿐이었다. 그 이외의 나머지는 다 향유할 수 있었다. 만약 선악과가 없다면 에덴동산을 어떻게, 무엇으로부터 지킬 것인지가 모호해진다.

무서워마라

하나님은 유혹을 이길 수 있는 순수한 말씀도 주셨다. 따 먹으면 반드시 죽는다는 것이었다. 그것은 쉽고 단순한 하나의 진리였다. 복잡하지 않고 충분히 지킬 수 있는 것이었다. 그럼에도 아담은 불순종의 원인으로 감히 창조주를 걸고 넘어졌다.

"나와 함께 있게 하신 여자"

창세기 2장을 읽다 보면 흥미로운 것을 발견하게 된다. 하나님이 '돕는 배필'을 주시는 과정이다. 여호와 하나님이 이르시되 사람이 혼자 사는 것이 좋지 아니하니 내가 그를 위하여 돕는 배필을 지으리라 하시니라 여호와 하나님이 흙으로 각종 들짐승과 공중의 각종 새를 지으시고 아담이 무엇이라고 부르나 보시려고 그것들을 그에게로 이끌어 가시니 아담이 각 생물을 부르는 것이 곧 그 이름이 되었더라 아담이 모든 가축과 공중의 새와 들의 모든 짐승에게 이름을 주니라 아담이 돕는 배필이 없으므로 창 2:18-20

'돕는 배필'이라는 말을 반복하면서 중간에 이름 짓기 과제를 넣었다. 이것은 하나의 묶음이다. 이것은 맥락을 사용하는 문학적 방법이다. 동물 이름 짓기가 돕는 배필을 주시는 과정에 있다는 맥락을 보여준다.

하나님이 보시기에 아담이 혼자 있는 것이 좋지 못했다. 그래서 그에게 숙제를 주셨다. 그는 동물들에게 이름을 만들어주는 과정에서 돕는 배필의 필요성을 공감했다. 그제야 하나님은 아담에게 하와를 만들어주셨다. 그는 창조주와의 인격적인 공감 과정을 거치고 나서 돕는 배필을 선물로 받았다.

하나님의 소원이 아담의 소원과 일치되도록 인도해주셨다. 그 후에 하와를 창조하는 일을 실행하셨다. 하룻밤이 지나 아담이 다시 눈을 떴을 때, 그는 눈앞의 하와가 너무나 마음에 들었다. 그녀는 그의 "뼈 중의 뼈, 살 중의 살"(창 2:23)이 되었다. 극찬이자 최고의 사랑 고백이었다. 지극한 찬양이었다.

그러나 두려움은 이 모든 것을 역전시켰다. 심판에 대한 두려움은 심판자로부터의 도피뿐만 아니라 심각한 사고의 변질을 가져왔다. "뼈 중의 뼈"는 원망의 대상이 되었고, "살 중의 살"은 취소하고 싶은 관계의 대상으로 전락했다. 극찬은 욕설이 되었고, 최고의 사랑 고백은 관계를 망치는 죄 고발로 변질되었다. 죄 고발은 사랑이 아니었다(잠 10:12). 부부 관계의 토양인 사랑을 적극적으로 깨뜨리는 행동이었다.

또한 신뢰를 크게 망치는 말이었다. 아담은 하나님을 불순종의 원인으로 지적하면서 하나님과 관계를 깨뜨렸고, 이제는 하와를 불순종의 원인으로 지적하면서 하와와의 관계도 깨뜨렸다. 하나님의 형상이 거짓의 심연으로 추락하고 있었다.

"그가 그 나무 열매를 내게 주므로"

말씀을 지킬 때 사랑을 지킬 수 있었다. 그것이 창조 질서였다. 그러나 불순종은 이 순서도 파괴했다. 아담은 그녀가 열매를 주지 않았다면 그런 불순종은 펼쳐지지 않았을 것이라고 주장했다. 이 주장은 아담 자신의 업무의 가장 중요한 "지키는 일"의 질서를 스스로가 뒤집는 말이었다. 자신을 변호하기 위한 근거로 자신의 범죄 사실을 더욱 밝히는 상황이었다.

아담은 심판이 두려워서 더 심판 받을 일들을 만들어내고 있었다. 두려워서 더욱 두려운 상황을 만들어내는 발언들을 서슴지 않게 되었다. 두려워하자 두려워하는 것이 임하게 되었다(잠 10:24).

하나님의 질문은 그 나무 열매를 어떤 경위로 먹게 되었는지에 대한 것이 아니었다. 그렇게 복잡한 질문도 아니었다. 단순하고 쉬웠다. 벌거벗고 있음을 누가 알게 해주었느냐는 것이었다. 힌트도 충분히 주었다. 선악과를 따 먹은 행동을 하지 않았냐는 말이 그것이었다.

그러나 정답을 말할 줄 알았던 아담은 어이없게도 뜬금없는 대답을 하고 말았다. 게다가 그 오답은 선악과 금지명령에 대한 불순종에서 더 발전한 형태를 띠고 있었다.

아담은 다른 생각으로 가득했다.
두려움이었다.
심판 받게 될 것이라는 두려움이
판단을 흐리게 했다.

자라 보고 놀란 도망자가 솥뚜껑 보고 도망가고 있었다. 불순종에 대한 심판이 두려웠던 아담은 하나님의 질문을 있는 그대로 듣지 못했다. 오히려 그 질문을 통해 더욱 하나님을 배반하는 반역의 태도를 보였다. 결국 말을 아예 알아듣지 못하는 상황이 되었다.

오래 방치된 기타는 연주하기가 힘들다. 지판과 줄 사이가 멀어져서 그렇다. 그런 기타로는 키를 잡을 수가 없다.

**말씀으로부터 멀어져
유혹에 오래 방치된 인생도 그렇다.
하나님이 다루시기가 힘들다.
마음과 말씀 사이가 떠,
서로 멀어져서 그렇다.
뜬 인생으로는 하나님의 역사를 이룰 수 없다.
말씀도 있고 마음도 있다며 위로해봤자 아무 소용이 없다.
어차피 서로 거리가 멀다면 있으나 마나다.**

그러나 하나님의 음성인 성경 말씀이 마음에 제때 꽂히지 않는 동문서답 인생에 주님이 다시 찾아오신다. 질문하시면서 다시 기회를 주신다. 그때는 대답하기 전에 먼저 가만히 있어라. 조율이 끝나기까지 기다려라.

두려우면 자신에게 이기적으로 침잠되어 반복해서 떠들어 혼란을 가중시킬 뿐이다. 자꾸 말을 지어내거나 변명을 늘어놓거나 필요 이상의 사역들을 벌이지 말라.

두려울 때는 일단 멈춰 귀를 기울여라. 자기 생각 뒤에 숨어 두려움의 옷으로 진리를 덮지 말고, 경험을 홀딱 벗은 몸으로 말씀 앞에 나와라. 무지한 말로 생각을 어둡게 하는 자가 누구냐 너는 대장부처럼 허리를 묶고 내가 네게 묻는 것을 대답할지니라 욥 38:2,3

원리 6
두려움은 하나님과 동문서답을 하게 만든다.

07 : 도망자와 추적자

회개와. 용서.

주님은 왜 불순종한 죄인들을 바로 벌하지 않고 질문으로 다가가셨는가? 그분의 속성에 근거해서 유추해보면 회개의 기회를 주시기 위함이었다. 그분은 공의뿐만 아니라 사랑의 하나님이시기도 하다.

다윗을 보라. 그가 하나님 마음에 합한 자가 될 수 있었던 이유는, 그에게 죄가 없어서가 아니라 그가 회개했기 때문이었다. 삼손이 마지막에 성령의 능력에 한 번 더 사로잡힐 수 있었던 이유도 그렇다. 그에게 죄가 없어서가 아니라 그가 하나님을 의지했기 때문이다.

사형 당하기 직전의 간음한 여인에게 예수님이 어떻게 하셨는지를 보라. 그녀는 죄가 없어서가 아니라 예수님 때문에 죄 사함을 받을 수 있었다. 세리장이었던 삭개오, 예수님을 배반했던 제자들은 어땠는가? 그리고 용서 받은 죄인들인 우리들은 또 어떤가?

주님은 상황에 따라 다르게 대처하시는 분이 아니다. 우리와 달리 항상 동일하신 분이다. 성경 전체에 흐르는 하나님의 속성에 비추어 볼 때, 불순종한 아담을 찾아오신 그분의 질문 역시 뜬금없는 것이 아니었다.

공의와 사랑의 하나님께 이유가 있었다. 아마도 회개와 용서를 위함이었을 것이다. 창세기 3장 11절의 질문을 통해 하나님께서 기대하셨던 전개는 아마 이렇지 않았을까?

하나님: 누가 네게 알게 해주었느냐? 잠깐! 대답하기 전에 힌트도 주마. 선악과를 따 먹었지?

아담: 크흡! 맞아요. 선악과 금지 명령에 불순종했어요. 누가 그랬냐고 하셨죠? 제가 불순종해서 그랬어요. 선악과를 따 먹는 불순종이 저를 이렇게 만들었어요. 죄를 지었더니 이렇게 되었어요. 죄가 그것을 알게 해주었어요.

아… 하나님, 부끄럽고 무서워요. 잘못했어요. 제가 죄를 지었어요! 저 어떡하죠? 살려주세요, 용서해주세요!

도망자.

그러나 아담은 심판 그 자체에 대한 두려움에 사로잡혀 동문서답을 하며 귀중한 기회를 걷어차버렸다. 회개의 기회를 주어도 전혀 붙잡을 생각이 없었다.

'심판을 피해야 한다. 그러나 하나님은 피할 수 없는 존재이시다. 그렇다면 가서 잘못했다고 해야겠다.'

이런 뻔한 계산도 할 수 없는 상태였다. 타락한 인류는 두려움 가운데 떨 뿐 회개에 무능했다. 질문의 내용과 상관없는 답을 처참히 반복할 뿐이었다. 아담과 하와는 더 이상 대화가 가능한 인격적 상태가 아니었다. 불순종의 결과요, 타락의 특징이었다. 통치자가 도망자로 변절되었다. 악인은 쫓아오는 자가 없어도 도망하나 잠 28:1

성경은 인간을 다 '죄인'이라고 정의한다. 한 명의 예외도 없다고 기록한다. 의인은 없다(롬 3:23). 큰일이다. 잠언에서는 죄인을 도망자로 묘사한다. 우리 모두가 죄인이라니…. 다 도망자라니!

우리는 세상의 고생들로부터도 도망 다닌다. 실업, 질병, 사고, 실패, 헤어짐, 탈락, 고립, 빈곤, 전쟁, 자연재해, 결핍, 나이 듦, 바쁨…. 이것들이 죽음을 연상시켜서 무섭기 때문이다. 그러나 도망가도 소용없다. 죽음은 필연이라서 어떤 도피 노력도 대증요법對症療法에 지나지 않는다.

도망자는 쉴 곳이 없다.
불순종의 결과로 죽음이 왔고,
그때부터 인간은 죽음을 무서워한다.
사망의 추적을 늘 두려워하며
피해 다니느라 안식도 없다.
늘 피곤하다.

산꼭대기에서 양털을 깔고 면벽수도를 해도 언젠가는 죽는다. 1밤 1통닭 야식을 먹어도 죽고, 안 먹어도 죽는다. 죽을병 걸리면 병상에서 죽고, 건강하면 다른 데서 죽는다. 많이 배우면 똑똑한 채 죽고, 못 배우면 지식 없이 죽는다. 잘생기든 못생기든, 키가 크든 작든, 결혼을 하든 안 하든 다 죽는다.

외모, 돈, 명예, 지식, 권력, 기술 등 어떤 것으로도 죽음으로부터의 완전한 도피법은 없다. 도망 다니다 결국 죽음에 잡혀 허무하게 끝나게 될 것이다. 전도자가 이르되 헛되고 헛되며 헛되고 헛되니 모든 것이 헛되도다 해 아래에서 수고하는 모든 수고가 사람에게 무엇이 유익한가 한 세대는 가고 한 세대는 오되 땅은 영원히 있도다 전 1:2-4

사랑의. 추적자.

그러나 하나님은 아담이 생각하는 것처럼 죽음을 들고 쫓아오는 '공포의 추적자'가 아니셨다. 오히려 그분의 손에는 사랑이 들려 있었다. 반전이었다. 말씀을 잃은 죄인에게 새로운 말씀을 주셨다. 심판 대신 회복의 약속을 주셨다. 소망이자 복음의 언약이었다. 내가 너로 여자와 원수가 되게 하고 네 후손도 여자의 후손과 원수가 되게 하리니 여자의 후손은 네 머리를 상하게 할 것이요 너는 그의 발꿈치를 상하게 할 것이니라 하시고 창 3:15

전달 방법조차 인격적이셨다. 자세히 보면, 하나님은 뱀에게 말씀하고 계셨다. 그러나 뱀에게 주시는 약속이 결코 아니었다. 오히려 공포에 떨며 동문서답을 늘어놓는 아담과 하와가 마음을 진정하고 잘 새겨들을 수 있도록 의도적으로 배려하셨다.

다윗 왕이 자신의 죄에 가로막혀 말씀을 못 듣는 상황이었을 때도 같은 방법을 쓰셨다. 나단 선지자를 통해 그의 죄를 직접 지적하지 않고, 마치 다른 사람의 이야기인 것처럼 전하게 하셨다(삼하 12:1-5). 그러고 나자 다윗이 알아듣고 회개할 수가 있었다. 본인 이야기가 아닌 남 이야기라고 생각하고 들을 때는 두려움의 거친 호흡이 잦아져 말씀을 있는 그대로 들을 수 있다. 배려 깊으신 하나님의 대화법이다.

심빙을 하다 가끔 비슷한 상황에 직면한다. 여러 이유로 불순종의 방황을 시작한 리더들이 있다. 절절한 마음으로 말씀을 들고 찾아가면 세파에 대한 두려움 때문에 안 듣는다. 코앞에 있는 현실 위기에 대해 긍정적이기보다는 부정적으로, 신앙적이기보다는 불신의 자세로, 평안보다는 두려움에 근거해서 생각하느라 말씀을 안 듣는다.

물론 물리적으로는 듣는다. 하지만 지각한 내용이 인지로 연결되지가 않는다. 마음의 어딘가에서 말씀에 대해 불필요한 해석을 한다. 두려움이 말씀을 가로막는 작용이다. 소리는 전달되나 진실이 파고들지 못한다.

물에 빠진 생쥐 꼴이다. "허우적대지만 않아도 산다!"라고 외쳐주어도 물에 빠져 죽을지 모른다는 두려움이 진실을 곡해하여 오히려 상황을 악화시킨다. 말이 안 통하면 나는 대화를 멈춘다. 물에 빠져 허우적대는 사람은 정신이 아득해질 때까지 기다렸다가 꺼내주는 것이 안전하기 때문이다. 상처받은 짐승을 함부로 싸매주려다가 내 손만 다칠 수 있다.

그러나 같은 상황에서 하나님이 죄인들에게 다가가시는 대화법은 많이 다르다. 다른 사람에게 이야기하듯 진실을 전달하신다. 돌려 말하기, 즉 자신의 이야기를 3인칭 시점으로 관찰하게 돕는 것이다. 제3자인 뱀에게 말씀하심으로써 아담과 하와가 듣고 깨닫도록 유도하셨다. 인격적인 화법이다.

그분은 인격적으로 다가가셔서 끝까지 설명하시고 알려주시고 변화를 유도하셨다. 지금도 죄인들을 사랑으로 추적하셔서 이렇게 대하신다. 하나님께서 아담과 하와에게 주신 사랑의 방법이며 깊은 언약이다. 하나님의 겸손이다. 심판이 아니라 구원으로, 미움이 아니라 사랑으로, 파괴가 아니라 재건을 위해 다가가시는 인격적인 모습이다.

복음의. 기원.

창세기 3장 15절은 '원시 복음'이라 불린다. 그 내용은 첫째, 뱀과 사람 사이를 하나님께서 직접 갈라놓으신다는 것이다. 둘째, 여자의 후손이 뱀의 후손을 밟아 이긴다는 것이다. 셋째, 발꿈치를 물리는 대가를 여자의 후손이 직접 치르신다는 것이다.

말씀을 저버린 죄인들에게 다시 주신 말씀은 거기서 끝나지 않았다. 하나의 반전이 더 있었다. 여호와 하나님이 아담과 그의 아내를 위하여 가죽옷을 지어 입히시니라 창 3:21

가죽옷? 누구의 가죽일까? 아담과 하와에게는 나뭇잎 치마(창 3:7)가 있었다. 부끄러움을 가려 보려고 직접 지어 입었던 알량한 옷이었다. 두려움 가운데 하나님으로부터 숨어보려는 계획의 한 형태였다. 그것은 '죄 가리개'이며 '수치 가리개'였다. 그러나 아무것도 숨길 수 없는 옷이었다. 가리려는 노력은 심판자의 등장과 함께 수포로 돌아갔다.

그러나 하나님께서는 그 자리에서 사형을 언도하는 대신 다른 짐승을 한 마리 죽이셨다. 가죽옷을 지어 입히시기 위해서 말이다. 그때 하나님은 에덴동산에서의 마지막 포옹을 해주셨다. 하나님이 아담과 하와에게 가죽치마를 두르시며 꼭 안아주셨다. E. H. Merrill, 《Everlasting Dominion: A Theology of the Old Testament》, B&H, 227-256쪽

나는 어렸을 때 시골에서 가축을 잡아 가죽을 벗기는 장면을 보았다. 잔인하고 무서웠다. 나와 아무 상관도 없는 죽음이었지만 다시 생각하기도 싫을 만큼 참혹했다. 하물며 판결을 기다리고 있던 아담과 하와, 그 사형수들 앞에서 어떤 짐승을 잡아 죽이고 그 가죽을 벗겨내는 일을 보여주셨으니, 그들은 더욱 무서

웠을 것이다.

아담과 하와에게 주어졌던 창세기 3장 15절의 소망도 잠시, 곧이어 진행된 가죽옷 사건은 다시 그들을 두려움으로 몰아넣기에 충분했다. 그리고 죽음의 공포로 떨고 있는 사형수들에게 가죽을 들고 하나님께서 다가오셨다. 어쩌면 아담과 하와는 이렇게 되뇌고 있었을 것이다.

'이제는 정말 끝인가 보다. 심판자가 죽임을 연습하셨던 것일까? 나도 저렇게 죽이신다는 것일까? 이제 불순종을 후회해도 소용없게 되었구나….'

그러나 심판자는 그들에게 가죽을 둘러 입히시면서 꼭 안아주셨다. 그 가죽은 옷이었다. 허리를 한 바퀴 둘러 몸을 감싸안아 주신 옷이었다. 누구든지 그리스도와 합하기 위하여 세례를 받은 자는 그리스도로 옷 입었느니라 갈 3:27

두려움에 떨고 있는 그들에게 두려움의 대상이 누군지는 더할 나위 없이 확실해졌다. 가죽옷이 둘러 입혀진 후에야 그들의 입에서 긴 안도의 한숨이 나왔을 것이다.

"살았다!"

다시. 주어진 말씀을. 들고.

이후 창세기 5장에서 "죽고… 죽고… 죽고…"가 반복되기까지 아담과 하와는 유예기간을 얻어 에덴의 동쪽으로 떠났다. 그들은 하나님의 사랑의 추적에 대해 생각해야 했다. 불순종의 결과(창 3:16-19)를 살아가면서도 불순종을 회복하실 분이 약속을 들고 따라오셨던(창 3:15, 21) 사건을 복기復碁해야 했다.

심판 그 자체에 대한 두려움이 심판자에 대한 인격적 두려움으로 바뀌었을 때, 그들은 다시 말씀 약속들을 소망으로 붙잡을 수 있었다. 두 번째 기회가 열렸다. 이번에는 불순종하면 안 된다. 심판자에 대한 인격적 두려움으로 죽음에 대한 환경적 두려움을 이기며 살아야 한다. 정작 하나님은 심판 자체에 몰입하지 않으시고 오히려 다시 말씀을 주시며 사랑으로 인격적 추적을 해오셨다.

그 사랑은 성경을 관통하며 지금 우리에게까지 이어져오고 있다. 하나님께서는 에덴의 동쪽 바깥에서 가인이 죄를 지었을 때에 그를 추적하여 그에게 표를 주셨고(창 4:15), 하나님의 아들들과 사람의 딸들의 무분별한 통혼으로 불순종이 심화되었을 때도 인류를 추적하여 노아의 방주를 주셨으며(창 6:17-22), 바벨 시티의 불순종 가운데서도 그들을 추적하사 언어를 그룹별로 나눠서 흩으심으로써 은혜를 베푸셨고(창 11:8), 하나님께 제사 드리는 민족을 일으키시기 위해 직접 믿음의 사람을 뽑아 훈련시키고 동행하셨다(창 12-22장).

또한 아브라함과 이삭과 야곱의 하나님으로 존재하시며 노예 백성들에게 모세를 보내셨고(출 2:24-25), 그를 통해 불순종과 순종에 대해 성경 말씀으로 기록하게 하셨다. 또한 자신의 백성들과 그 말씀으로 동행하셨고(신 7:11), 가나안 땅에 들여보냈던 출애굽의 2세대에게 여호수아를 통해 동행하셨고(수 1:9), 사사들을 통해 불순종하는 백성들을 추적하사 하나님께서 스스로 왕이 되어주셨다(삿 1:2).

그리고 이방 여인 룻을 통해 다윗 왕조를 예비하셨고(룻 4:17-22), 사무엘을 보내셔서 하나님이 왕이심을 거부하던 이스라엘 백성들을 추적하사 그들의 눈높이에 맞추어 메시아의 왕정 시대를 교육해주셨으며(삼상 2:26), 다윗의 죄악 속에서조차 그를 추적하사 회개를 촉구하시며 궁극적인 메시아 왕의 도래를 약속해주셨고(삼하 7:5-17), 열왕기의 불순종의 연속 속에서조차 선지자들을 보내셔서 예언으로 가르치시며 메시아의 도래를 통한 궁극적인 동행을 준비시켜 주셨다.

예수 그리스도께서 오시기까지 하나님은 한번도 죄인들을 버린 적이 없으셨고, 예수님 이후로는 성령님을 보내셔서(행 2:38) 더욱 죄인들과 동행하셨다.

그 추적은 아담 때부터 시작해서 모세, 여호수아, 사사들, 왕들, 선지자들에 이른다. 또한 그 모든 일의 끝에 보내신 예수 그리스도 메시아와 성령 하나님의 임재를 통해서도. 지금, 여기에서도 그러신다. 예루살렘에서부터 땅 끝까지, 땅 끝에서 다시 새 예루살렘에 이르기까지도 마찬가지다. T. D. Alexander,

《From Eden to the New Jerusalem: An Introduction to Biblical Theology》, Kregel, 174-187쪽

추적해 오신 심판자께서 우리에게 말씀을 회복시켜 주시며 두려움의 방향을 바꿔 주신다. 두려워하지 말라 내가 너와 함께 함이라 사 41:10

역사는 반복된다. 불순종하는 우리도 두려움 가운데 하나님의 추적을 오해한다. 불순종은 태어나자마자 두려움으로 옷을 갈아입고 더 심각한 반역을 꾀하고 있었다. 두려움은 하나님의 음성을 가로막아, 그분의 임재의 목적을 '심판'이라고 매도하며 하나님과 동문서답을 만들었다. 아담부터 그랬던 일이 지금도 반복되고 있다.

진실은 사랑에 있다. 성경을 객관의 눈, 제3자적인 시각으로 두려움 바깥에서 보도록 도우시는 사랑이다. 하나님은 그리스도 안에서 회개의 법을 지으셔서 그런 관점을 만들어주신다. 지나간 것으로부터 단절시키고 새것이 되었음을 보게 만든다. 그런즉 누구든지 그리스도 안에 있으면 새로운 피조물이라 이전 것은 지나갔으니 보라 새것이 되었도다 고후 5:17

죄인들에게 다시 소망의 약속을 주시며 가죽옷을 입히신 하나님은 오늘도 우리에게 동일하게 행하신다. 말씀을 잊어 불순종과 부끄러움과 두려움으로 혼란한 심령에 말씀을 들고 인격적으로 다시 찾아오신다. 예수 그리스도, 그 완전한 희생제물을 옷처

럼 입혀주시며 포옹하신다.

여기서 우리가 할 일은 분명하다. 마음을 열고 받아들이는 것이다. 사랑의 추적을 하시는 하나님께 항복하는 것이다.

두려움을. 이기는. 두려움.

창조주께서는 불순종하는 인류를 버리지 않으셨다. 자식들로 대하시며 오히려 사랑으로 질문하셨다. 약속을 주셔서 타락 속에서도 소망을 일깨우시며 자신의 동행을 계속 보여주셨다.

예수님을 보내셔서 "넌 혼자가 아니다"며 "고아와 같이 버려두지 않겠다"고 외치셨다(요 14:18). 창조주께서 우리와 함께 계신다는 사실을 확인시켜주셨다(마 1:23). 우리에게 아버지가 되어주셨다(엡 5:20). 아빠가 되어주셨다(롬 8:15).

자식은 훈육하는 아버지 앞에서 도망하지 않는다. 그분은 사랑으로 징계하시기 때문이다(히 12:5,6 ; 잠 13:24). 두려워할 대상은 회초리가 아니다. 오히려 그 매를 든 사랑의 양육자다. 그분은 만만히 볼 상대가 아니다. 창조주시다. 죽음을 두려워하지 말고 죽일 수도, 살릴 수도 있는 하나님을 두려워해야 다시 말씀이 들린다. 두려운 하나님이 사랑을 포기하지 않으시고 추적하고 있음을 두려움으로 깨달아야 한다.

두려움을 더 큰 두려움으로 포기하라.

범죄 가운데서도 돌이키라.

불순종의 내적 결과물들의 부끄러움과

심판에 대한 공포를

그보다 더 큰 두려움이신

하늘 아버지 앞에서 멈추라.

죄 경험을 덮고 성경을 펼쳐라.

불순종의 추억들을 그리스도의 가죽옷으로 덮어라.

마음에 스며든 죄의 경향성을 유혹이 잡아 멍에를 지우기 전에 돌이켜 은혜를 구하며 부르짖으라. 죄의 종이 되어 공포에 끌려 다니지 말고 회개로 불순종을 털어버려라. 예수 그리스도, 자신의 독생자를 보내셔서 얼마나 우리를 사랑하는지를 보이신 하늘 아버지를(롬 5:8) 죽음에 대한 공포보다 더 큰 두려움으로 신뢰하라.

말씀이신. 그리스도.

두려우신 하나님의 말씀은 곧 예수 그리스도시다. 신구약 66권이 그분을 말하고 있을 뿐만 아니라 그분 자신이 바로 성경이시며 진리이시다. 예수님이 곧 하나님의 말씀이시다(요 1:1,14 ; 계 19:13). 예수님을 믿는 사람은 곧 성경을 믿는 사람이며, 그분과 동행하는 자는 곧 말씀과 동행하는 자다.

예수님은 언제 어디서나 오해하거나 오염되어서는 안 되는 우리의 근원이시다. 그분으로부터 벗어나는 만큼 하나님께 불순종하게 되며, 멀어지면 멀어질수록 불신과 수치가 시작되어 두려움에 이른다.

기나긴 구속역사의 끝에 말씀을 잃은 죄인들에게 주신 약속은 예수님이다(히 9:26). 불순종으로 죽을 수밖에 없는 우리에게 주어진 두 번째 기회다. 회개하고 예수님을 믿으며 그분의 말씀에 두려움으로 순종하는 인생에게는 소망과 영생이 있다(요 17:3 ; 롬 1:17 ; 딛 1:1-3).

예수 그리스도께 집중하며 모든 상황에서 그 이름을 불러라. 그분이 믿음의 진원이 되셔서 두려움의 땅을 가르고 든든한 기초를 말씀 위에 새로 지어 주신다. 두려움을 물리치는 예수 그리스도, 그 이름을 불러라. 누구든지 주의 이름을 부르는 자는 구원을 받으리라 하였느니라 행 2:21

FEAR NOT 무서워마라 | 원리 7
말씀을 잃고 두려워할 때도 하나님께서 다시 찾아오시니 염려 말라.

08 : 말씀=예수님

백문. 일답.

밤새 폭우가 왔다. 새벽 2시부터 6시까지 멈추지 않고 내린 큰 비였다. 텐트가 다 주저앉고, 물과 모래가 내 가방 안까지 들어 찼다. 뜬눈으로 밤을 새운 상태로 맞이한 아침, 우리들은 모래 알갱이가 서걱대는 아침을 먹고, 축축한 야외 집회장에 모여 앉았다.

마르지 않은 솔밭 사이로 여름향기가 풍겼고, 피어오른 구름에 반사된 햇빛은 희고 눈부셨다. 바다도 하늘 같아 보이던 1995년 몽산포 해변에서 맞은 새내기의 방학 첫날이었다.

지난밤의 비로 물기가 흥건한 무대 위로 할아버지 한 분이 서 계셨다. 떨리는 목소리가 들려왔다. 기다렸다는 듯 웅성거림은 짧은 침묵으로 바뀌었고, 첫마디가 들렸다. 질문이었다.

"밤새 비를 내리신 분이 누구시지요?"

물음표까지 마치기도 전에 지난밤의 천둥보다 더 큰 소리가 해변을 덮었다.

"예수 그리스도!"

6천 명의 20대 크리스천들이 CCC 여름 수련회에서 함께 부르짖는 이름이었다. 그 할아버지의 질문이 이어졌다.

"우리는 왜 아침부터 모래가 씹히는 밥을 나눠 먹었습니까?"

"예수 그리스도!"

함께 외쳐 부르는 이름이 폭우보다 세차게 가슴을 때렸다. 말로만 듣던 백문일답이 시작되는 순간이었다. 6천 명의 군호群豪 틈에 어리둥절하기도 잠시, 나도 곧 백문일답에 가담했다. 멈추지 않고 이어지는 모든 질문에 대답은 오직 "예수 그리스도"였다.

우리는 예수 그리스도를 외치고 또 외쳤다. 외칠수록 가슴이 뜨겁고 더 뜨거워졌다. 그 이름이 심장에서부터 혈관을 타고 울렁이며 쏟아져 나와 땅과 바다를 덮고 하늘을 울렸다. 거룩한 전율에 몸도 따라 뛰었다. 그분을 사랑하고 더 사랑하고 싶어서 견딜 수가 없었다. 이후 이어진 설교를 통해 내 인생의 BC가 AD로 갈라졌다. 그 이름 때문이었다.

땅 끝까지 복음 전하는 일은 목사님이나 선교사님에게 맡기신 줄 알았는데, 그것이 내 일이며 모든 성도들의 일이라는 사실을 그때 들었다. 나는 그 말을 믿고 품었다.

'그리스도께서 내게 맡기신 일이라니… 위대한 영적 지도자들에게가 아니라 아무것도 아닌 내게도 맡기신 일이라니!'

너무너무 신기하고 놀라웠다. 예수님이 당신의 제자 삼는 일을 내게 맡기셨다니 정말 고마웠다. 그때 내 버킷리스트와 삶의 목적이 바뀌었다. 예수님으로 시작되고, 예수님으로 진행되고, 예수님으로 마무리될 인생이었다.

오늘. 예수님과. 동행하기.

성경이 양식이었다. 읽고 또 읽었다. 모조리 외워버리고 싶었다. 기도가 호흡이었다. 말과 생각과 노래로 늘 기도했고, 꿈에서도 기도했다. 예배가 일상이었다. 새벽예배와 큐티로 시작된 하루가 누구와 어디서나 기도하고 말씀을 보는 예배의 시간들로 가득해졌다. 예수님으로 가득해졌다.

집에서든 거리에서든 예배실에서든 캠퍼스에서든 그리스도께서 함께 계심을 깨달았다. 학생의 사역지는 캠퍼스였다. 신앙이 교회 건물 안에만 있어야 하는 것은 아니었다. 땅 끝까지 이르러 예수님의 증인으로 살고 싶었다. 사랑의 과제였다. 반드시 이루고 싶은 일, 사명이었다.

땅 끝까지 복음을 전하려면 무엇을 해야 하는가? 천 리 길도 한 걸음부터 시작된다. 쉬운 일부터 시작하면 어려운 일에 도달하게 된다. 노자,《도덕경》, 64장 내 앞에 놓인 한 걸음은 어디인가? 행동이 완료되는 시점부터 거꾸로 계산해보면 오늘 내가 디뎌야 할 첫 걸음이 보인다. 내일부터 새벽기도에 간다고 가정해보자.

1. 제시간에 기도회 장소에 도착하려면 예배시간 30분 전인 4시 30분에 집에서 출발해야 한다.
2. 출발 전에 단장을 하려면 30분이 필요하므로 4시에 일어나야 한다.
3. 그런데 6시간 이상의 수면이 필요하므로 오늘 밤 10시에는 잠들어야 한다.
4. 밤 10시에 잠들기 위해서는 9시에는 잘 준비해야 한다.
5. 9시 이전에 집에 도착하려면 8시 전에 퇴근해야 한다.
6. 일을 8시까지 마치려면….

이런 식으로 목표가 완료되는 미래의 한 시점에서 현재까지를 거꾸로 계산해보면 천 리 길의 한 걸음이 어디에 있는지를 생각할 수 있다.

똑같이 땅 끝까지 복음을 전하는 일을 역산逆算했더니, 어떤 경로로 진행되든 '오늘 당장 예수님을 사랑하는 것'이 첫 걸음이었다. 바로 지금, 기도와 말씀으로 예수께 나아가 그분께 집중하는 것이었다.

교회의 시작.

땅 끝까지 복음 전하는 과제는 매일의 작은 숙제들로 쪼개졌다. 그 첫 번째는 6.3.10이었다. 매일 아침 6시, 오후 3시, 밤 10시에 기도하는 것. 또 성경을 처음부터 끝까지 읽고 또 읽는 것이었다.

"가르쳐 지키게"(마 28:20) 하려면 내가 먼저 알고 지켜야 하므로. 그리고 만나는 모든 사람에게 예수님의 증인이 되어야 했다. 내일 증인이 되려면 오늘 증인으로 살고 있어야 했다.

땅 끝까지 복음을 전하는 일을 하려면 무슬림을 통과해야 한다. 무슬림을 통과하려면 내 경험 속에 있는 일반적 선교론을 바꿔야 한다. 그 토대가 되는 교회론을 바꿔야 한다. 선교하는 교회가 아니라 '선교가 교회가 되고, 교회가 선교가 되는' 교회론으로 바뀌어야 한다. 그러려면 선교적 교회를 시작해야 한다.

건물이 있든 없든 제자들이 모이면 교회가 되고, 중앙집권적 구조가 아닌 기능적 구조로 서로 무한히 연결되며 퍼져 있는 동시에 하나가 되는 교회를 시작해야 한다.

그런 교회를 시작하려면 나는 오늘 예수 그리스도로 가득해야 한다. 기도와 말씀으로 충만해야 한다. 회개와 겸손으로 무장해야 한다. 순수하게 그리스도를 말씀을 통해 좇아야 한다.

그렇게 하루하루가 쌓여 16년이 지나.
나는 어느새 목사도 되고 유학도 다녀왔다.
그리고 웨이처치Way Church를 시작하게 되었다.

예수님의. 명령. 따라가기.

유학을 마치고 웨이처치 개척을 위해 한국에 복귀한 뒤 나는 아내와 딸을 데리고 처가로 들어갔다. 다행히 부모님은 우리를 지지하셨고 기뻐하셨다. 거기에 5명의 청년들이 모여들었다. 성경의 모범을 쫓아 기도하며 리크루팅recruiting한 모임이었다.

첫 모임에서 성경을 펼쳐놓고 교회가 무엇인지를 서로 질문했다. 오리무중이었다. 대답들 속에는 경험이 난무했고, 말씀 근거는 찾아볼 수 없었다. 교회는 담임목사나 건물이나 교단이나 사역들의 총합이나 교육 시스템의 과정이 아니었다. 우리의 대화는 답을 찾지 못하고 있었다.

"교회가 무엇인지는 대답을 못하니 질문을 바꿔보면 어떨까요? 교회는 누구의 것이지요?"

훨씬 쉬웠다. 이구동성으로 답을 맞혔다.

"예수님이요!"

성경에 근거가 있는 대답이었다. 내가… 내 교회를 세우리니 마 16:18 그때부터 일사천리였다.

"교회가 무언지는 잘 모르지만 예수님의 것임은 확실하니 그분의 말씀대로 우리가 순종한다면 교회가 세워지지 않을까요?"

긴 토론의 결론이 났다. 함께 환호했다. 그리고 마태복음을 펼쳐서 각자 예수님의 명령형에 밑줄을 긋기 시작했다. 4장부터 시작했다. 한 주에 하나씩 순종했다. 문자적으로 복종했다. 쉽지는 않았지만 각자 놀랍게 성장했다. 52주가 지나면서 우리는 서로의 변화가 자랑스러웠다. 교회가 탄생했기 때문이다.

경험을 벗고 성경을 펼쳐 예수님께 순종했더니 그 자리에 어느새 교회가 섰다. 규가 유다를 떠나지 아니하며 통치자의 지팡이가 그 발 사이에서 떠나지 아니하기를 실로가 오시기까지 이르리니 그에게 모든 백성이 복종하리로다 창 49:10

아래 기도를 소리 내어 읽으며 함께 기도하자.

아빠 하나님! 저를 용서하여 주옵소서.
제 손이 닿는 곳에 늘 성경이 있음에도
저는 말씀을 멀리했습니다.
그러다 자주 불순종해왔습니다.

마음과 뜻과 힘을 다해서 주님을 사랑하기는커녕
하나님께서 미워하시는 것을 사랑하고,
사랑하시는 것을 미워하며
제멋대로의 언행이 너무 많았습니다.
기뻐하라 하셨지만(마 5:12) 슬픔을 고집했고,
본받지 말라(마 6:8) 하셨지만 세상과 한통속이었으며,
항상 기도하라 하셨지만(살전 5:17)
제 맘대로 살다 보니 기도는 뒷전이었습니다.

그렇게 계속 불순종했더니 이제는 두려워졌습니다.
잃어버린 양들에게 가기는커녕
제가 잃어버린 양이 될까 두렵습니다.
천국 복음을 전하기는커녕
온갖 세상일로 마음에 가득하게 되어 두렵습니다.
병든 자를 고치고 죽은 자를 살리기는커녕
제가 병들었고 죽음의 그림자가 보여 두렵습니다.
나병환자를 고치고 귀신을 쫓아내기는커녕
제 정신이 어디가 어떻게 썩고 있는지도
모르게 되어 두렵습니다.

그럼에도 불구하고 이런 죄인에게
다시 예수님을 통해 기회를 주시며
간구할 용기를 주셔서 감사합니다.

주님.
이 시간 제게 십자가의 보혈과 그 은혜가 필요합니다.
이 죄인을 직접 찾아오셔서 그 피 묻은 손으로
만져주시며, 씻어주시고. 고쳐주옵소서.
용서하시고. 새롭게 하옵소서.
믿음 없음을 도와주옵소서.

무서워마라

또한 앞으로는 언제 어디서나

예수님만을 주인으로 섬기며

예수님 기준으로 살도록 도와주옵소서.

들어오고 나가며 예수 그리스도를 부르고,

모든 일을 기도와 말씀으로 진행하고,

예수님 중심으로 살 수 있도록 인도하여 주옵소서.

감사드리며 예수님의 이름으로 기도합니다. 아멘!

FEAR NOT 무서워마라 | **원리 8**
성경을 펼쳐 들고 예수님께 집중하라.
그분이 곧 말씀이시다.

09 : 따라가라

그래서. 박해. 받았어?

가슴이 뜨거웠다. 세상이 하나님의 발아래 있었고, 그분은 내 안에 계셨다. 유학을 마치니 주머니가 비어 가족과 함께 처가의 빈 방 하나를 차지하고 있었지만 우리는 예수님을 따라가고 있었다. 가난한 자 같으나 많은 사람을 부요하게 하고, 아무것도 없는 자 같으나 모든 것을 가진 자였다(고후 6:10). 교회를 하려고 모인 한 명 한 명도 그랬다.

함께 밑줄 그은 첫 주의 말씀은 "회개하라"(마 4:17)였다. 아파트 거실에 모여 앉아 짧은 설교를 진행한 후 함께 순종을 위한 대화를 했다. 겨울이 한창인데 베란다에 꽃이 보였다. 조용히 눈이 오고 있었다.

회개는 3단계로 구성된 성도의 액션이다.

1단계: 예수님을 만난다.
예수님을 만나서 죄의 관성이 충격을 받게 된다.
2단계: 회개 기도를 한다.
잘못했다며 용서를 구하는 기도를 함으로써 예수님의 말씀에 부딪혀 금 간 마음을 깨뜨린다.
3단계: 행동을 바꾼다.
깨진 마음의 틀을 그리스도의 말씀으로 재건해서 새로운 행동으로 바꿔나간다.

설교 후 질문이 이어졌다. 세 가지 대화 주제였다.

"나는 예수님을 만났고, 또 날마다 만나고 있는가?"
"그래서 매일 회개하는가?"
"행동을 바꾸는가?"

이에 대해 두 시간 넘게 대화하고 기도한 후에 우리는 각자의 일터로 돌아갔다. 일주일이 지났다. 다시 모여 서로에게 회개에 순종했는가를 질문하며 있었던 일들을 나누었다. 울고 웃으며 위로가 되고 도전이 되는 시간이었다. 진지하고 진솔한 시간이었

다. 그런 식으로 몇 주가 지났다. 기억에 남는 명령이 있다. **기뻐하고 즐거워하라** 마 5:12

이번에는 박해가 전제된 것이었다. 누군가가 예수님 때문에 우리를 공격하고 억울하게 만들고 쫓아내는 등의 박해를 가할 때 "기뻐하고 즐거워하라"는 명령이었다. 마찬가지로 짧은 설교 후에 대화가 이어졌다.

대화의 주제가 '더 이상 이 나라에는 박해 받는 상황이 존재하지 않는다'라는 쪽으로 기울었다. 아마도 순종하기 싫어서 슬그머니 자기 생각을 집어넣기 시작했던 것 같았다. 말씀이 오염되기 직전이었다. 다행히 그때 누군가가 말했다.

"만약 박해가 없고, 그래서 이 명령이 우리와 상관없는 것이라면 성경이 잘못되었다는 뜻입니까?"

누구도 성경이 잘못되었다고 주장할 수는 없었다. 대화는 침묵으로 끝났고, 일주일이 지났다. 다시 모였을 때, 한 명도 순종한 사람이 없었다. 참담했다.

'교회를 시작한 지 고작 몇 주 만에 이렇게 끝나는가?'

그러나 포기할 수 없었다. "기뻐하라"에 순종해야 할 두 번째 일주일이 주어졌다. 순종 숙제를 진행해야 주일예배에 가서 얼굴을 들 수 있었다. 함께 기도하는 전우들에게라도 부끄럽지 않도록. 단체 채팅방에서 서로 순종했느냐고 묻던 것이 어느새 "그래서 박해 받았어?"라는 말로 바뀌기 시작했다.

무서워마라

"아침에 조조영화를 보러 홍대 앞에 갔는데요⋯."
"그래서 박해 받았어?"
"⋯."
"가족과 여행을 다녀왔어요."
"그래서 박해 받았어?"
"⋯."

그런 식이었다. 서로 깔깔대는 이모티콘을 날리며 물었지만 뼈 있는 질문이었다. 예수님의 말씀에 문자적으로 순종하고 싶었던 우리는 각자가 얼마나 예수님을 대충 믿고, 대충 사랑하는지 알 수 있었다. 박해 받을 정도로 예수님을 증거하거나 그분을 따른 적이 없었다. 애통했다. 그러면서도 예수님을 지극히 사랑하는 줄 알고 있었다.

성경에 나오는 문둥병 같았다. 증세를 자각할 수 없는 심각한 질병. 우리는 홍대 앞의 한 시끌벅적한 패스트푸드점에 모여 많이 울었다. 말씀에 순종했는지 못했는지, 왜 못했는지를 나누다가 스스로의 증세를 자각하며 울었다. 그리고 다시 한 주가 시작되었을 때, 우리는 박해(?) 받기 위해 흩어진 사람들 같았다.

대중교통에서 "우리의 진정한 종착지는 천국이니 예수님 믿고 함께 천국에 갑시다"라고 외치다 쫓겨났고, 홍대 한복판에서 "술에 취하지 말고 예수님 믿고 성령에 취하는 사람이 됩시다"라고 외치다가 술 취한 사람에게 욕을 먹었고, 회식 때 직속상관의

차 제안을 예수님의 이름으로 거절해서 큰 어려움을 당했다. 무릇 그리스도 예수 안에서 경건하게 살고자 하는 자는 박해를 받으리라 딤후 3:12

아무런 위험도 없이 안전하고 평탄하고 편안한 삶을 살고 싶으면 예수님을 떠나는 것이 좋다. 주님과 누리는 교제가 깊어지면 깊어질수록 삶을 위협하는 요소들도 점점 커지게 마련이다.
데이비드 플랫, 《래디컬》, 두란노, 222쪽

교회 개척 과정에서 순종에 3주나 걸렸던 그 명령이 가장 기억에 남는다. 실행하기까지는 알지 못했다. 예수님을 사랑하되 그분을 전부로 사랑하지는 않았음을 3주 후에야 알았다. 성경의 인물들이 그 순종 실행자들의 심령에서 되살아나는 듯했다.

그물을 버리고 집을 떠나 예수님을 따라나섰던 제자들의 모습이 일렁였다. 유대인 정죄자들이 지켜보는 데서도 예수님만 바라보며 그 곁에 서서 울며 향유옥합을 깨뜨린 여인의 스토리가 아려왔다. 자신보다 거룩하다고 주장하는 유대인들의 인파를 헤치고 나무 위로 기어 올라가 예수님을 만났던 키 작은 세리장 삭개오도 거기 있었다. 기도하면 산 채로 사자밥이 되어 죽는다는 것을 알면서도 하루 세 번 성전을 향해 창문을 열어놓고 기도하던 다니엘도….

한 번에 하나씩 예수님의 명령에 대한 순종과 서로의 점검이 이루어질 때마다 교회가 쑥쑥 자라났다. 회개한 죄인들의 모임으로 무럭무럭 커갔다.

창세기. 12장.

예수님을 따라가는 것은 하나님의 말씀을 따라가는 것과 같다. 나는 말씀을 따라갔던 인물들 중 아브람이 가장 좋다. 그가 아브라함이 되기 전, 믿음의 조상이 되기 전의 겁 많은 모습이 더 좋다.

그는 불신과 두려움으로 얼룩진 여정을 통해 성장한 믿음의 인물이었다. 여호와께서 아브람에게 이르시되 너는 너의 고향과 친척과 아버지의 집을 떠나 내가 네게 보여 줄 땅으로 가라 내가 너로 큰 민족을 이루고 네게 복을 주어 네 이름을 창대하게 하리니 너는 복이 될지라 너를 축복하는 자에게는 내가 복을 내리고 너를 저주하는 자에게는 내가 저주하리니 땅의 모든 족속이 너로 말미암아 복을 얻을 것이라 하신지라 이에 아브람이 여호와의 말씀을 따라갔고 롯도 그와 함께 갔으며 아브람이 하란을 떠날 때에 칠십오 세였더라 창 12:1-4

시작은 멋졌다. 익숙한 것들을 뒤로하고 낯선 세계로 가족과 함께 발걸음을 내디뎠다. 두려움 없는 믿음의 사람, 아브람은 말씀을 따라 떠났다. 어떻게 저런 큰 믿음을 가질 수 있었을까? 나와는 너무 달라 보인다. 경험의 범위를 넘어서는 일들을 두려워하는 내 모습과 완연히 다르다. 하나님의 부르심을 받았을 때, 알지도 못하고 경험한 적도 없는 여정을 향해 어찌 저리도 담대히 발걸음을 내디딜 수 있는가!

아브람의 이 믿음을 히브리서 11장에서도 칭찬하고 있다. 믿음으로 아브라함은 부르심을 받았을 때에 순종하여 장래의 유업으로 받을 땅에 나아갈새 갈 바를 알지 못하고 나아갔으며 히 11:8

여기까지 읽었을 때 겁 많은 자아에 대한 실망감이 왔다. 나 역시 믿음으로 그리스도를 따르기로 작정하며, 신앙 여정을 떠난 많은 크리스천들 가운데 하나다. 아브람도, 나도 하나님을 따라 떠났는데 오늘날 나는 왜 이렇게 두려움이 많은가?

실망이 크다. 말씀을 더 읽어보기로 한다. 그 땅에 기근이 들었으므로 아브람이 애굽에 거류하려고 그리로 내려갔으니 이는 그 땅에 기근이 심하였음이라 창 12:10

어? 10절에서 아브람의 믿음이 갑자기 사라졌다. 하나님의 말씀을 따라 출항한 아브람호는 기근을 만난다. 극심한 기근으로 아브람의 믿음의 태도가 돌변한다. 가나안과 다른 방향으로 떠나기 시작했다. 그는 하나님의 말씀과 상관없는 행동을 했다. 애굽으로 내려가기. 자기 생각으로 말씀을 저버리고 불순종을 시작하는 이 모습은 아담과 같은 패턴이다.

인사를 나누고 싶어진다. 나랑 닮은 불신의 사람 아브람. 그가 갑자기 많이 반갑다. 믿음의 여정을 멋지게 시작한 아브람과 그 일행이 고작 배고픔과 맞닥뜨린 것 때문에 항로를 정반대 방

무서워마라

향으로 바꾸어 믿음의 반대방향으로 내려가기 시작했다. 해서는 안 되는 행동이다. 성경에 나오는 인물이 나랑 비슷한 행동을 하니 슬그머니 위로를 얻는다.

불순종 스토리는 두려움을 몰고 왔다. 그가 애굽에 가까이 이르렀을 때에 그의 아내 사래에게 말하되 내가 알기에 그대는 아리따운 여인이라 애굽 사람이 그대를 볼 때에 이르기를 이는 그의 아내라 하여 나는 죽이고 그대는 살리리니 원하건대 그대는 나의 누이라 하라 그러면 내가 그대로 말미암아 안전하고 내 목숨이 그대로 말미암아 보존되리라 하니라 창 12:11-13

말씀에서 멀어지니 두려움이 찾아왔다. 불순종했더니 선물도 무서워 보였다. 아내를 두려워했다. 그녀가 "아리따운 여인"(11절)인 것이 이유다. 하나님의 축복을 두려워했다. 아내를 얻는 자는 복을 얻고 여호와께 은총을 받는 자니라 잠 18:22

아내는 하나님의 축복이다. 아브람은 하나님의 축복으로 사래를 얻었다. 그런데 말씀을 떠나자 그 축복이 두려워졌다. 담대히 순종했던 믿음의 사람이 겁쟁이로 돌변했다. 그리고 더 심각한 일을 저질렀다. 아내를 애굽 왕에게 팔아치웠다(창 12:14-16). 말씀을 지키지 않자 여자도 지킬 수 없게 되었다. 불순종한 아담의 두려움 패턴과 같고, 내 모습과도 닮았다.

나는 혼자가 아니었다. 아브람도 겁보였다.
믿음으로 시작한 여정이 고생을 만나자
불신으로 방향을 전환하고,
**하나님의 축복을 두려워하기 시작하더니
아예 팔아버렸다.**
축복을 걷어찬 것이다.

믿음이. 식으면. 두려움이. 뜨거워진다.

믿음과 두려움은 널뛰기의 양끝과 같다. 한쪽이 올라가면 다른 쪽이 내려온다. 기근의 광야를 통과할 때 믿음이 견디지 못하고 식어버리면 두려움이 달아오르기 시작한다. 믿음이 끝나면 두려움이 그 자리를 차지한다. 믿음의 언어가 조용하면 두려움의 행동이 시끄럽다. 믿음의 사고가 멈추면 두려움이 고개를 든다. 믿음의 액션이 없으면 두려움의 내용이 실현된다.

믿음, 불신, 두려움으로 이어지는 이 패턴은 창세기 12장에만 국한되어 있지 않다. 아브라함이 되기까지 그는 아내를 애굽 왕에게 팔아버렸고(창 12장), 하나님의 약속을 거절했고(창 15장), 하나님의 방법 바깥에서 자식을 얻었다(창 16장).

아브람이 보여주었던 두려움의 패턴은 매일의 일상에서 우리에게도 진행형이다. 뱀은 굴 입구에 없다. 굴 뒤에 똬리를 틀고 숨어 기회를 엿본다. 두려움도 그렇다. 갑자기 찾아오지 않는다.

두려움은 믿음의 입구에 얼씬하지 못한다. 믿음의 그림자 저 뒤에 불신이 있다. 어두운 곳에 있다가 고난을 만난 믿음이 불신으로 바뀌는 긴 과정이 끝날 무렵에 슬그머니 나타나서 전체를 장악한다.

불신이 짙어질수록 두려움도 두꺼워진다. 사망의 음침한 골짜기로 걸어갈 때 우리의 믿음은 시련을 당한다. 시련을 핑계로 믿음을 버리지 말라. 오히려 시련을 통해 믿음을 강하게 단련하

라. 견뎌내라. 인내하라. 믿음은 보이지 않는 것들의 증거다(히 11:1). 어려워도 믿음을 증거로 다시 붙잡아 끝까지 가나안에 거하라. 두려워서 멈추거나 뒤돌아가는 것이 아니라, 멈추거나 뒤돌아가기 때문에 두려워지는 것임을 기억하라. 이는 너희 믿음의 시련이 인내를 만들어 내는 줄 너희가 앎이라 약 1:3

예수님을. 따라가라.

믿음은 행함을 통해 증명된다(약 2:17). 담대해서 행하는 것이 아니다. 오히려 믿음으로 순종할 때 담대해진다. 시련을 만났을 때가 바로 순종의 최적기이며 믿음이 증명되는 순간이다. 아브람 스토리가 다가 아니다. 예는 많고도 많다.

모세가 뒤에서 쫓아오는 애굽의 군대를 보면서도 홍해를 향해 전진했을 때 바다가 갈라졌다. 여호수아가 길갈에 세운 열두 돌 앞에서 안주하지 않고 떠났을 때 여리고를 정복했다. 여호수아의 군대를 보라. 눈앞의 이득을 희생하는 한이 있더라도 진멸하라는 명령을 훼손 없이 이행했을 때 가나안의 정복자가 될 수 있었다.

사사 옷니엘은 나가서 싸울 때 구산 리사다임 왕을 무찌를 수 있었고, 기드온도 하나님의 명령을 따라 3만2천 명의 군대를 1만으로 그리고 또다시 3백 명으로 줄이고 나서 미디안을 무찌를 수 있었다.

무서워마라

엘리야는 작은 구름 조각에도 믿음으로 3년 6개월 기근의 끝을 비가 오기 전에 믿음으로 선포했고, 느헤미야는 아직 나라가 회복되지 않았지만 성벽 공사를 시작했으며, 호세아는 말씀을 전하기도 전에 고멜과 결혼해야 하는 어려움에 순종했고, 아모스는 하나님의 명령을 쫓아 아마샤의 공격을 견디며 끝까지 복음을 전했다.

성경이 보여준다. 말씀을 따라 순종하면 반드시 낯선 길을 만나게 된다. 그 길을 다 통과해야 믿음이 굳어진다. 예수님을 따르는 길도 그렇다.

익숙함을. 떠나는. 믿음.

익숙하다며 해오던 것만 반복하면 변화는 없다. 발전이나 성장에는 방법을 바꿀 용기가 필요하다. 지금 하고 있는 모든 생각을 의심해보라. 성경이 말하고 있는 바와 비교해보라.

그리스도를 보라. 예수님이 기준이시니 그분을 사랑으로 청종하라. 출발선에서 울린 총소리를 듣고 뛰쳐나가는 올림픽 대표선수처럼 실행에 과감하라.

"주님 날 새롭게 하소서!"라고 외치며 아침 해를 맞아라. 밥 한 수저를 먹고 국 한 모금을 삼킬 때마다 예수님의 살과 피를 되새기며 넘겨라. 식사마다 성만찬이 되게 하라. "내 몸에 주님의 살과 피로 스며서 오늘도 주님처럼 행하게 하소서!"라고 기도하라.

지하철 교통카드를 찍을 때마다 "주님 차장 되시니 나는 염려 없어요"라고 노래하며 이용하라. 출퇴근 길이 예수 그리스도, 그 천국행 티켓을 선물해주신 하나님을 찬양하는 예배 시간이 되게 하라. 일과가 시작되면 "추수할 일꾼을 보내주소서"라고 기도하고, 일과를 마치고 누울 때면 "마라나타, 주 예수여 자고 깨는 동안 어서 오시옵소서"라고 소망하며 잠들어라.

호흡마다 그리스도, 말끝마다 예수, 분초마다 십자가로 심장이 펄떡이는 산 삶이 되라. 방법론 같은 것은 없으니 어서 회개하고 급히 실행하라. 뒷문이나 후퇴도 없으니 배수의 진을 치고 날마다 죽더라도 순종으로 곧게 가라.

기준을 예수께 재정렬하라. 허리띠를 붙들어 매고 누룩이 없는 떡을 씹으며 지금 출발하라!

 **원리 9**
믿음의 여정에서 만난 낯선 길은
성장의 기회임을 기억하며 끝까지 순종하라.

PART 3

지름길로 가지 마.
무서우면 천천히 가.
하나님을 경외하는 길 위로 느리게 걸어.
성경을 배우고 익히는 길,
예수님을 따르는 길을 촘촘히 다져 밟아.
더욱 밀도를 높여.

서두르면 하수下手가 될 뿐이야.
약삭빠르면 얕아질 뿐이지.
천천히 조금씩 가더라도
끝까지 같은 방향을 고수固守하면 고수高手가 돼.

이것은 자연법칙이야.
하나님이 만드신 원리지.
단련하면 강해지고 게으르면 약해지지.
항상 기도하면 담대함 내공이 생기고,
부지런히 말씀을 연구하면 기술이 생기고,
방향 없던 쇠몽둥이도 예리한 철검으로 바뀌지.

내공이 없는 기술은 코미디야.
기술이 없는 내공은 비극이지.
둘 다 연마해야 세상을 부술 수 있어.
처마 끝의 낙수落水가 디딤돌을 부수듯
매 순간 삶의 현장에서 구하고 찾고 두드리며
지식을 실행해 지혜로 바꿔.
멀리 눈을 두지 말고 가까운 곳을 살피며(잠 17:24)

하나님을 두려워하라!

한 번에 한 걸음씩 정진精進하여 끝까지 흔들리지 마.
예수님 믿으면 바로 실전 투입이야.
매일이 싸움의 현장이지.
거기서 우리는 훈련병이 아니라 영적전장의 전사들이야.
훈련을 실전같이 해야 하는 아마추어가 아니라
실전으로 훈련을 하는 싸움 전문가들이라고!

대장 되신 예수님을 따라
기도와 말씀의 훈련 밀도를 높여야 하는 환경이지(벧전 5:8).
언제 말씀의 검을 뽑아 겨눠야 하는지,
어디서 누구에게 어떻게 휘둘러야 하는지를 예수께 배워.
기도와 말씀을 통해 양의 문이 되신 그리스도(요 10:7)를
꾸준하고 착실히 매번 통과하여 격전해.
미적지근한 중립지대에서 당장 벗어나
야전에서 피 흘리기까지 죄와 싸우며
마음을 온갖 거짓들로부터 지켜 거룩을 몸으로 담아내.

믿음은 행동이니 지체하지 마.
얼어붙은 지식은 가증하니 뜨거워져야 해.
말씀을 통해 예수께 보고 배운 것을 순수하게 행해.
실행해야 이긴다고!

소금도 적시 적소에 뿌려져야 맛을 내지.
지식 축적과 노트 필기만 가지고 적을 꺾을 수 없어.
빛을 밝힐 때 어둠이 파괴돼.
진실을 외칠 때 거짓이 도망가고,

생명을 던질 때 죽음이 죽는다고.
한번 승리로는 지혜가 부족해.
이기고 또 이겨야 해.
다수의 행함으로 승리의 활용도를 배워.
승리들의 밀도로 지혜를 얻어.

행동을 통해 얻은 지혜가
확신과 담대함의 토양이 돼.
지혜가 이기지.
거인을 쓰러뜨리고,
요단을 가르고 여리고 성도 무너뜨리며
아세라의 목도 잡아 꺾었던 승리야.
패배의 심연을 미리 무서워말고,
그리스도가 약속한 이김이 주는 기개로 마음을 지켜.

어두움이 무서운 이유는 빛이 없어서니
빛부터 밝혀.
빛은 예수님. 그분은 진리.
그분을 알면 두렵지 않아.

어제를 모르면 오늘을 살 수 없고,
현실의 토대가 없다면 내일을 예측할 수 없듯,
예수 그리스도, 그 진리의 빛이 없다면
현실은 종잡을 수 없이 어수선해질 뿐이야.
진리 지식으로 불안을 청소해.
칸칸이 들어찬 거짓말을 쓸어내 게헨나에 처넣어.
무서워하는 모든 것들로부터 하나님께로 도망해.
가장 두려우신 하나님께로 질주해.

삶의 모든 현장에서 무릎 꿇고 성경을 펼쳐 들어.
꾸준한 기도와 말씀을 통해
한 걸음씩 예수님을 따르는 밀도를 높이며
행함으로 지혜를 얻어 담대해져!

10 : 두려움 본색

우리가. 두려워하는. 모든 것.

하나님의 말씀은 두려움과 싸우고 있다. 성경을 펼치면 두려워하지 말라는 구절이 정말 많다. 단순히 "두려워하지 말라"라는 문구를 포함한 구절만도 80개가 넘는다. 거기에 '안심하라', '담대하라', '염려하지 말라', '놀라지 말라' 등의 주제와 내용을 포함하고 있는 구절들을 함께 찾으면 300개가 넘는다.

창 15:1, 21:17, 26:24, 35:17, 43:23, 46:3, 50:19,21, 출 14:13, 20:20, 민 14:9, 21:34, 신 1:21, 3:2,22, 20:1,3, 31:6,8, 수 1:9, 8:1, 10:8,25, 11:6, 삿 6:10,23, 룻 3:11, 삼상 4:20, 12:20, 22:23, 23:17, 28:13, 삼하 13:28, 왕상 17:13, 왕하 1:15, 19:6, 대상 28:20, 대하 20:15,17,

무서워마라

32:7, 욥 11:15, 시 23:4, 27:1,3, 56:4, 64:4, 118:6, 잠 3:25, 31:21, 사 7:4, 8:12, 10:24, 35:4, 37:6, 40:9, 41:10,13,14, 43:1,5, 44:2,8, 51:7, 54:4,14, 렘 1:8, 10:5, 23:4, 30:10, 42:11, 46:27,28, 애 3:57, 겔 2:6, 3:9, 단 10:12,19, 욜 2:21,22, 습 3:16, 학 2:5, 슥 8:13,15, 마 1:20, 10:26,28,31, 14:27, 17:7, 28:5,10, 막 5:36, 6:50, 눅 1:13,30, 2:10, 5:10, 8:50, 12:4,7,32, 요 6:20, 12:15, 행 18:9, 27:24, 딤후 1:7, 히 11:23, 13:6, 계 1:17, 2:10…

왕의 말씀에는 허언虛言이 없다. 반복에는 이유가 있다. 성경이 반복해서 두려워하지 말라고 한 것은 우리가 계속 두려워하고 있는 것을 반증한다. 뿐만 아니라 그런 우리의 두려움을 하나님께서 강하게 대적하시는 것을 보여준다.

1. 우리는 고난을 무서워한다.

"두려워하지 말라 너희는 많은 참새보다 귀하니라"(마 10:31).

"너는 장차 받을 고난을 두려워하지 말라"(계 2:10).

예수님의 말씀대로 살면 핍박을 당한다. 우리는 그런 고난에 대해서조차 두려워한다. 어느 때보다 담대해야 할 순간에 떨고 있다. 마치 적지에 선 군인이 무서워서 떠는 것과 같다. 예수님은 전도대를 파송하시면서 양을 이리 가운데 보냄과 같다고 말씀하셨다(마 10:16).

가장 연약한 양을 무시무시한 이리떼에게 투입한다고 말씀하셨다. 주님은 그들을 두려운 상황 안으로 집어넣는 것임을 알게 하셨다. 그러면서 참새 이야기를 하신다.

"사람이 가격을 매겨 흥정하는 것들 중 싸구려 참새 한 마리라도 하나님이 돌보신다. 하물며 참새보다 훨씬 귀한 너에 대해서는 어떻게 대하시겠니? 더욱 돌보시지 않겠니? 너를 핍박하고 공격하는 사람은 네 생각에 얼마짜리니? 어떤 힘을 가졌으며 얼마나 높은 자리에 있는 존재니? 하나님보다 더 큰 가치를 지닌 존재니? 그렇지 않다면 너는 무엇 때문에 두려워하니?"

아무리 작고 보잘것없이 보이더라도 세상에서 가장 비싸고 가치 있는 존재이신 하나님께서 직접 당신을 돌보심을 잊지 말라. 한 앗사리온짜리 참새 한 마리도 돌보시는 이가 직접 돌보시니 두려워하지 말라. 그분은 심지어 당신의 머리카락 한 올을 직접 간섭하고 계시는 세밀하신 분이다. 그러니 무서워하지 마라. 우리가 들어야 할 명령이다.

2. 우리는 귀신을 무서워한다.

"예수께서 즉시 이르시되 안심하라 나니 두려워하지 말라"(마 14:27).

예수님은 오병이어 사건 직후 공짜 도시락에 열광하는 무리를 다 흩어 보내셨다. 그리고 홀로 철야 산기도를 하러 가셨다. 그

무서워마라

때 제자들은 배를 타고 바다를 먼저 건너던 중 바람과 거센 물결을 만나 고난을 당하고 있었다.

시간은 새벽 3시에서 6시 사이였다. 시야가 어두웠을 것이다. 그때 예수님은 물 위로 걸어서 제자들에게로 오셨다. 이를 본 제자들의 외침은 흥미롭다. 유령이라 하며 무서워하여 소리 지르거늘
마 14:26

그들은 유령이라고 외치며 비명을 질렀다. 이것이 흥미로운 이유는 그들이 자기가 보는 것이 무엇인지 정확히 알기 전에 선입견을 가지고 판단을 내렸기 때문이다. 그들은 잘 안 보이는 부분을 확인할 때까지 판단을 유보하지 않았다. 혹은 현실을 직시해서 "무엇인지 잘 모르겠다"라고 하지도 않았다. 그들이 판단을 내릴 만한 정보는 현장에 없었다. 다만 그들의 생각 속에 있었다.

제자들 중 대부분은 어부들이었다. 그들은 이미 바다 위에 있는 유령에 대한, 당시 어부들에게 유행했을 법한 도식schema을 가지고 있었던 것 같다. '어두컴컴할 때 물 위를 걸어오는 것은 귀신'이라는 사전지식을 부족한 시각정보의 빈 칸에 제멋대로 꽂아 넣었다.

더 쉽게 말하면, 증거에 의해서가 아닌 추측으로 상황 판단을 마쳤다. 그들은 이미 두려워할 준비가 되어 있었다. 그리고 너나 할 것 없이 함께 같은 결론에 도달했다.

"꺄아악~ 귀신이다~!"

이미 귀신을 제어하는 능력을 받았고, 그들을 쫓아내기도 했던 담대한 사람들(마 10:8 ; 눅 10:17)임에도 사실에 근거하지 않은 두려움으로 실체가 없는 존재를 생각으로 만들어내어 두려워했다.

3. 우리는 하나님의 임재를 두려워한다.

"제자들이 듣고 엎드려 심히 두려워하니"(마 17:6).

베.야.요.(베드로, 야고보, 요한)를 데리고 산에 오르셨을 때, 제자들은 예수님의 변화된 몸을 보았다. 그분이 모세와 엘리야와 대화하실 때까지만 해도 참 좋았다. 그런데 직후에 하나님의 음성이 발하였다. 이는 내 사랑하는 아들이요 내 기뻐하는 자니 너희는 그의 말을 들으라 마 17:5

사실 그들은 변화산에서의 신비한 경험이 너무 좋아서 떠나고 싶지가 않았다. 그래서 바로 그 장소에 초막 셋을 짓고 머물자고 예수님께 제안했다. 바로 그때, 갑자기 등장한 빛난 구름이 그들을 덮었다. 그리고 그 안에서 하나님의 음성이 들렸다. 그들은 무서웠다. 이것은 경외함이 아니라 부정적 공포였다.

질병과 같은 불신이 죄책과 함께 하나님의 임재 앞에서 몰아치고 있었다. 그때 예수님이 손을 대시며 두려워하지 말라고 하셨다(마 17:7). 안수하시며 두려움을 치료하셨다. 하나님의 임재 앞에 예수님의 중재가 없다면 무서워서 설 수 없다.

주님은 우리에게도 임재의 목적을 친절히 설명하시며 두려워하지 말라고 하신다. 모세가 백성에게 이르되 두려워하지 말라 하나님이 임하심은 너희를 시험하고 너희로 경외하여 범죄하지 않게 하려 하심이니라 출 20:20

4. 우리는 환경을 두려워한다.

"어찌하여 이렇게 무서워하느냐 너희가 어찌 믿음이 없느냐"(막 4:40).

풍랑이 일자 검은 바다가 자신의 무덤이라도 된 듯 무서웠다. 예수님을 따라가면 순풍을 만날 줄로만 알았는데 아니었다. "우리가 저편으로 건너가자"(막 4:35)라고 예수님께서 직접 말씀하셨고, 그에 순종했던 제자들은 죽음을 연상시키는 "광풍"(막 4:37)을 만났다. 믿음을 잃기 딱 좋은 날씨가 펼쳐졌다.

명령자가 자기 말에 책임을 져야 할 것 같았다. 제자들은 풍랑과 예수님을 번갈아 쳐다봤다. 어이가 없었다. 예수님은 고물에서 베개를 베고 주무시고 계셨다(막 4:38). 실컷 순종해서 따랐더니 환경이 더 복잡해졌는데 그 상황을 책임져야 할 리더는 잠에 빠져 있었다. 그런 분이 책임질 수 있을 것 같아 보이지 않았다. 제자들은 예수님이 믿어지지가 않았다. 믿을 수가 없었다.

어려운 환경으로 바뀌어서, 예측되지 않은 상황이 펼쳐져서 그랬다. 결국 그들은 무서워했다. 두려움으로 연결되었던 불신의 출발점에 "광풍"이 있었다. 환경의 어려움이 불신을 거쳐 두려움을 불러왔다.

풍랑 때문에 예수님을 신뢰할 수 없다는 것은 믿음의 크기가 환경보다 작음을 보여준다. 우리도 어려운 환경 앞에서 믿음을 잃는다. 적어도 예수님이 내가 당한 어려움보다 크시다는 믿음이 있다면 무섭지 않을 텐데…. 이렇게 말했다면 좋았을 것이다.

"비록 우리가 예상했던 잔잔한 물결은 아니지만 명령하신 분이 예수님이신 걸! 다 뜻이 있고 이유가 있을 거야. 살길이 분명히 있을 거야. 아니, 죽어도 살 거야!"

5. 우리는 사랑하는 사람의 질병과 죽음을 두려워한다.

"예수께서 그 하는 말을 곁에서 들으시고 회당장에게 이르시되 두려워하지 말고 믿기만 하라 하시고"(막 5:36).

심각한 병으로 죽은 어린 딸의 주검 앞에서 슬픔보다 큰 두려움으로 예수님 앞에 엎드린 아빠가 있었다. 그의 직위는 회당장이었다. 당시 많은 사람들에게 꽤 존경받는 사람이었을 것이다. 그런 야이로의 부탁은 의외로 겸손했다. 사랑하는 딸의 질병 때문이었다. 발 아래 엎드리어 간곡히 구하여 이르되 내 어린 딸이 죽게 되었사오니 오서서 그 위에 손을 얹으사 그로 구원을 받아 살게 하소서 막 5:22,23

와서 만져달라는 겸손한 아비의 부탁이 있은 직후, 심각한 질병에 걸린 어른 여자가 왔다. 그녀는 몰래 예수님을 만졌다. 그랬더니 나았다(막 5:25-34). 두 이야기는 의도적으로 대조를 이룬다. "와서 만져달라"(공개적으로) VS "가서 만졌더니"(몰래).

결국 안수가 치유의 역사를 가져오는 원리는 아니었다. 치유자는 여전히 예수님이고, 능력은 병든 자의 믿음에 달려 있었다. 이번에도 믿음은 두려움과 연결된다. 두려워하지 말고 믿기만 하라 막 5:36 나 들으라고 하시는 말씀이다.

6. 우리는 소명의 실행을 두려워한다.

"밤에 주께서 환상 가운데 바울에게 말씀하시되 두려워하지 말며 침묵하지 말고 말하라"(행 18:9).

바울만큼 담대한 사도가 또 있었을까? 고린도후서 11장에 의하면 그는 수고를 넘치도록 했고, 옥에 갇히기도 더 많이 했고, 매도 수없이 맞았고, 여러 번 죽을 뻔했다. 40대를 맞으면 죽음에 이르는 무시무시한 채찍질을 유대인들로부터 39회씩 다섯 번이나 맞았고, 세 번은 태장으로, 한 번은 돌로 맞았고, 전도여행 중 세 번이나 파선했으며, 7일 밤낮을 바다에서 표류했던 일도 있었다.

그는 소명의 길로 순종해서 갔기 때문에 온갖 위험을 다 겪었다. 여러 번 여행하면서 강의 위험과 강도의 위험과 동족의 위험과 이방인의 위험과 시내의 위험과 광야의 위험과 바다의 위험과 거짓 형제

중의 위험을 당하고 또 수고하며 애쓰고 여러 번 자지 못하고 주리며 목마르고 여러 번 굶고 춥고 헐벗었노라 고후 11:26,27

그런데 그런 담대한 사명자가 두려워했다. 다른 것도 아닌 자기 소명의 실행을 무서워했다. 설교할 때도, 선교지에서 지낼 때도, 개척한 교회들이 흔들릴 때도 두려워 심히 떨었다(고전 2:3). 가장 담대했지만 동시에 가장 무서워했다.

말씀대로 순종하는 사람들은 무서워하지 않으며 살 것 같다. 하지만 성경엔 거짓이 없다. 바울이 두려워했다면 우리는 말할 것도 없다. 우리도 두려워한다. 불순종했을 때만 두려운 것은 아니다. 순종도 무서움 가운데 진행된다. 그때마다 주님은 사역이 아닌 소명의 원천을 다시 보이시며 명령하신다. 두려워하지 말라 나는 네 방패요 너의 지극히 큰 상급이니라 창 15:1

7. 우리는 싸움을 두려워한다.

"다만 여호와를 거역하지는 말라 또 그 땅 백성을 두려워하지 말라 그들은 우리의 먹이라 그들의 보호자는 그들에게서 떠났고 여호와는 우리와 함께 하시느니라 그들을 두려워하지 말라 하나 온 회중이 그들을 돌로 치려 하는데 그때에 여호와의 영광이 회막에서 이스라엘 모든 자손에게 나타나시니라"(민 14:9,10).

내 장인은 베트남전에서 싸우셨다. 그 이야기를 들어보면 전

무서워마라

투는 죽음에 대한 두려움을 만들어낸다. 그런 스트레스에 대한 대처법 중 하나가 '부정하기'이다. 자신이 처한 현실이 전쟁 상황이 아니라는 부정에 근거해서 행동하는 것이다.

만약 그들이 전우의 죽음을 무시하며 애써 기억에서 게워내고, 다음 날 진행될 혈투 앞에서 마치 시간이 정지된 듯 쾌락에 빠져든다면 그들은 이 방어기제를 발동시킨 것이다. 우리도 자주 영적전쟁의 현실을 단지 부정함으로써 두려움을 잠재우려는 시도들을 한다.

우리는 전쟁 중에 있다. 게다가 실전 배치되어 있다. 그것도 최전방에서. 성경이 그것을 말하고 있고, 구름같이 허다한 성경의 사람들이 증언한다. 영계靈界는 실존한다. 예수님을 믿으면 구원받고, 하나님의 자녀가 되고, 천국을 소유하게 된다. 영생을 얻는다. 그러나 믿지 않으면 심판을 받고, 하나님의 원수 상태로 사단을 위해 준비된 지옥, 무저갱에 들어간다. 멸망 받는다.

우리는 예수님을 기준으로 양분된 거대한 영적세계의 한복판에 놓여 있다. 이 두 세계는 영적전쟁 중이다. 그것은 뺏고 빼앗기는 땅 따먹기 따위가 아니다. 죽고 죽이는 싸움이다. 삶의 모든 영역에서 이뤄지는 정규전이자 비정규전이며, 전면전이자 제한전이다. 우리는 지금 신信, 불신不信의 전쟁을 수행 중이다. 죽느냐 죽이느냐의 거룩 전쟁을 하고 있다. 피할 수 없는 싸움터에 이미 올라와 있다.

싸움은 무섭다. 개들도 서로 무서워 짖기만 한다. 영적전쟁을 수행해야 하는 우리가 기도와 말씀에 진정성이 없거나 게으를 때도 그렇다. 하나님의 나라는 말에 있지 않고 능력에 있기 때문이다(고전 4:20). 영적전쟁의 수행은 이미 승리한 싸움에 참여하기다. 보이지 않는 적의 사령관을 이겨야 하는 불투명한 상황이 아니다. 우리의 대장 되신 예수님은 적이 누구인지 분명히 밝히셨고(엡 6:12), 이미 승리하셨다(요 16:33).

알고 보면 무서울 것이 전혀 없는 전쟁이다. 성경은 두려워하지 말고 담대히 싸울 것을 명령한다. 너희의 하나님 여호와께서 이 땅을 너희 앞에 두셨은즉 너희 조상의 하나님 여호와께서 너희에게 이르신 대로 올라가서 차지하라 두려워하지 말라 주저하지 말라 신 1:21 이스라엘아 들으라 너희가 오늘 너희의 대적과 싸우려고 나아왔으니 마음에 겁내지 말며 두려워하지 말며 떨지 말며 그들로 말미암아 놀라지 말라 신 20:3 너희는 강하고 담대하라 두려워하지 말라 그들 앞에서 떨지 말라 이는 네 하나님 여호와 그가 너와 함께 가시며 결코 너를 떠나지 아니하시며 버리지 아니하실 것임이라 하고 신 31:6

8. 우리는 하나님으로부터 버림받을까봐 두려워한다.

모든 사람이 구원을 받으며 진리를 아는 데 이르기를 원하시는 하나님은(딤전 2:4) 변함없으시고 신실하시다(신 7:9). 그분은 어제와 오늘이 한결같으시다(히 13:8). 죄인들에게조차 은혜를

들고 추적하시는 분이다.

살인자 가인이 자신의 죄를 추적할 잠정적 살수殺手에 대한 두려움에 떨 때, 그에게 구원의 표를 주셨다(창 4:15). 아브라함의 두려움이 빚어낸 불신의 열매 하갈과 그 아들이 광야로 쫓겨나 두려워할 때, 그들을 돌보셨다(창 21:17). 이삭이 브엘세바로 올라갔을 때도(창 26:23), 불순종과 불평으로 하나님의 구원 역사를 무시했던 출애굽 백성들에게도(출 20:20) 마찬가지셨다. 인간 왕에 대한 잘못된 요구 앞에서도(삼상 8:22), 강간과 살인의 죄 가운데 성령 철수를 두려워하며 울던 다윗에게도(시 51:11), 우상을 섬겼던 왕들과 예수님을 십자가에 못 박았던 사람들에게도 사랑과 은혜로 추적해오셨던 분이다.

그런 하나님께서 우리 귀에도 들리라고 대놓고 말씀하신다. 내가 너희를 고아와 같이 버려두지 아니하고 너희에게로 오리라 요 14:18 내가 결코 너희를 버리지 아니하고 너희를 떠나지 아니하리라 히 13:5

성경에 등장하는 숫자조차 허언이 없다. 예를 들면, 12는 하나님의 백성들을 대표하는 숫자이고, 24는 신구약 전체를 대표하는 숫자이다. 7은 창조의 완전수를 보여주며, 3은 창조주의 신비한 인격을 의미한다. 666은 짐승을 상징하며, 14만4천은 구원 받은 마지막 때의 교회를 상징한다….

그 중에서도 나는 8이 좋다. 하나님은 6일 창조를 하신 후 안

식하셨다. 창조가 완성된 7일 직후 여덟째 날은 새로운 시작을 의미한다. 창조 업무의 끝에 아담의 첫날이 시작된다. 그래서 나는 숫자 8이 좋다.

성경을 열고 두려움을 끝내라. 그리고 거기서 새로 시작하라. 성경이 보여주는 것을 보고, 들려주는 것을 듣고, 알려주는 것을 숙지하라. 성경이 요구하는 것을 실행하며, 안내하는 대로 따르고, 조언하는 것을 새기라. 성경이 울면 함께 울고, 기뻐하면 함께 기뻐하라. **성경대로 하라.**

안심하라. 평안하라. 무서워하지 말라. 담대하라. 떨지 마라. 용기를 내라. 믿음으로 가라. 힘들어도 지속하라. 결핍엔 구하고, 구했으면 찾고, 찾았으면 두드리라. 그리스도로 빛의 갑옷을 입고 전열을 갖추어라. 그리스도의 이름, 그 승리의 깃발을 가는 곳마다 꽂아라. **성경대로 하라.**

예수 그리스도의 재림의 날까지 인내하라. 푯대를 향해 달려가는 동안 하늘 상급을 바라보라. 천국에서 큰 자가 되라. 원수를 직접 갚지 말고 하나님께 맡기라. 질병을 치유하고 귀신을 쫓아줘라. 거저 받은 것을 거저 줘라. **성경대로 하라.**

침노함으로 천국을 쟁취하여 그리스도의 푸르고 푸른 계절을 이 땅에 가져와라. **성경대로 하라.**

두려움의 종결지에 출발선을 그어라. 지금이다!

무서워마라

하나님의 동행을 보라.

골고다에 꽂힌 승리의 십자가를 보라.
죄와 혈투하되 죄인은 자기희생으로 덮어줘라.
자아에 대해 매일 죽고 다시 죽어라.
대신 그리스도에 대해 매일 살고 또 살아라.

The Eight!

1. 예수님은 고난 앞에서도 두려워하지 말라고 명령하신다 (마 10:28).
2. 예수님은 귀신에 대한 두려움 앞에서도 두려워하지 말라고 명령하신다(마 14:27).
3. 예수님은 하나님의 탁월한 임재 앞에 고꾸라져 떠는 상황에서도 두려워하지 말라고 명령하신다(마 17:7).
4. 예수님은 우리의 믿음 부족과 환경의 광풍 앞에서도 두려워하지 말라고 명령하신다(막 4:39).
5. 예수님은 사랑하는 사람이 죽을병에 걸려 죽어버린 상황에서도 두려워하지 말라고 명령하신다(막 5:36).
6. 예수님은 사명대로 순종할 때 예상되는 어려움들 앞에서도 두려워하지 말라고 명령하신다(행 18:9).
7. 예수님은 영적전쟁에서 패배할까 두려워하는 우리에게 두려워하지 말라고 명령하신다(요 16:33).
8. 예수님은 버림받을까 봐 두려워하는 우리에게 결코 버리지 않으니 두려워하지 말라고 명령하신다(히 13:5).

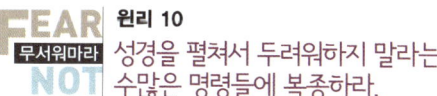

원리 10
성경을 펼쳐서 두려워하지 말라는 수많은 명령들에 복종하라.

11: 가장 두려운 분

하나님을. 두려워하라.

성경은 두려워하지 말라고 거듭 강조한다. 동시에 "하나님을 두려워하라 Fear God"는 말씀으로 가득하다. 두려워하지 말라는 말씀보다 더 많이 두려워하라고 명령한다. 하나님을 두려워하라는 직접적인 언급이 들어 있는 구절들 중에 가장 대표적인 부분들만 추려도 엄청나다.

창 22:12, 출 1:21, 9:30, 14:31, 20:18,20, 레 19:14, 25:17, 신 3:22,5:29, 6:1,2,13,24, 9:19, 10:12,13,20, 31:12,13, 수 4:23,24, 24:14, 삼상 12:14,15,24, 삼하 23:3,4, 대상 16:25,26, 대하 17:9,10, 19:7, 20:29, 느 5:9, 욥 1:1,8,9, 2:3, 23:13-15, 28:28, 시 2:11, 15:1-

4, 19:9, 22:23, 25:12-14, 31:19, 33:8,9,18,19, 34:7-11, 36:1,2, 40:3, 52:5-7, 55:18,19, 60:4, 61:5, 65:8, 76:7,8,11,12, 85:9, 86:11, 89:7, 90:11, 96:4,5, 103:11,13,17,18, 111:5,10, 112:1,2, 115:11,13, 119:120, 128:1-4, 130:3,4, 145:19,20, 147:11, 잠 1:7,29-31, 2:1-5, 3:7,8, 8:13, 9:10, 10:27, 14:2,16,26,27, 15:16,33, 16:6, 19:23, 22:4, 23:17,18, 24:21,22, 28:14, 29:25, 31:30, 전 7:16-18, 8:12,13, 12:13, 학 1:12, 사 8:12,13, 11:2,3, 33:6, 41:10, 50:10, 59:19, 렘 5:22-24, 26:19, 32:39,40, 단 6:26,27, 욘 1:15,16, 습 3:7, 말 1:14, 3:5, 마 10:28, 눅 1:50, 8:24,25, 12:4,5, 23:40, 행 7:30-32, 9:31, 10:34,35, 고후 5:11, 엡 6:5, 빌 2:12,13, 히 11:7, 12:21, 벧전 1:17, 2:17, 3:14, 계 14.6,7, 15.4, 19:5…

경외함이란.

이 두려움의 역설은 흔히 '경외함'으로 불리는 가장 본질적인 신앙의 태도이다. 경외는 하나님을 향한 독특한 인격적 태도이다. 그것은 사랑과 공포가 어우러진 공감각적 경험이다.

경외함은 주님과 관계 안에서 진행될 인격적 상호작용을 위해 죄인에게 요구되는 최초의 동기이다. 또한 하나님과 관계 안에서 더욱 자라나는 영적 선물이다. 경외감이 커질수록 지혜도 자란다. 경외감이 깊어질수록 주님을 더욱 알아가게 된다. 그래서 경외함은 단순하지만 깊은 축복의 원리다.

무서워마라

잠언은 하나님을 두려워하는 것이 무엇인지를 설명하는 말로 가득하다. 하나님을 경외하는 것은 지혜의 근본이다(잠 9:10). 관심을 가지고 구하고 찾는 자가 얻게 되는 것이다(잠 2:4,5). 경외하면 재앙을 피해간다(잠 19:23). 장수한다(잠 10:27). 재물과 영광과 생명을 얻는 결과를 가져온다(잠 15:16, 22:4). 악에서 떠난다(잠 3:7).

경외의 별명은 겸손, 생명나무, 생명의 샘, 구원, 지혜의 훈계, 복, 아름다움, 악을 미워함 등이다(잠 3:18, 8:13, 10:27, 14:27, 15:33, 31:30).

경외는 단순하고도 깊어서 구구한 말로 배울 수 없다. 하나님을 경외하는 태도는 그분과 함께 살아야 배울 수 있다. 이것은 마치 도제(徒弟)교육의 원리와 같다. 스승의 몸에 배어 있는 기술지식을 동행으로 습득하는 것이다. 경외는 그 대상이신 하나님과 오랜 시간을 짙게 섞여 살아내야 얻을 수 있다.

지식이 삶에 배면 지혜가 된다. 경외감은 하나님과 사는 동안 천천히 삶에 스며든 관계지식이다. 주님과 동행하는 것은 말씀의 칼이 되어 삶을 회개로 저민다. 그렇게 조각난 삶의 간격들은 틈새마다 하나님을 아는 관계지식으로 연결된다. 그들은 서로를 끌어당겨 묵혀내며 새로운 덩어리가 되는 화학작용의 과정을 거친다.

경외는 삶에 밴 두려움이며 사랑이며 하나님을 아는 지식의 누적 경험이다. 하나님이 누구신지를 인격적 관계 안에서 수도 없이 경험하며 탄생된 지혜이다. 경외함은 경험지식이다.

성경이. 보여주는. 경외함.

성경은 하나님을 두려워하는 태도가 무엇인지를 삶으로 보여준다. 무화과나무 잎을 엮어 만든 죄 가리개를 심판자께서 직접 가죽옷으로 바꿔 입히시는 손길에서 경험했고, 온 땅을 재창조의 혼돈으로 덮은 파도 위를 여덟 명이 나무배에 타고 둥둥 떠다닐 때 배웠다. 그리고 그들이 방주를 열고 나와 사람의 딸들의 시대를 종결하려고 하늘이 그린 무지개를 하염없이 바라볼 때도 배웠다.

경외함은 파괴된 바벨의 잔해 사이에서 선택된 한 사람이 독생자와 나무를 들고 희생제물의 산을 끝까지 오르며 익혔던 것이고, 보디발 장군의 안방에 있는 향긋한 침대에서 도망쳐 지하감옥의 녹내 나는 차꼬에 채여, 홍해를 가르고 가나안을 정복할 꿈으로 뒤척일 때도 배웠던 것이다.

또한 피로 물든 나일강 위에 띄워진 갈대상자를 통해서도, 구름기둥과 불기둥을 따라 광야에 들어가면서도, 허리춤에 돌칼을 하나씩 찬 거지떼가 철기문명의 대도시와 전쟁을 치르면서도 실행되었던 지식이다.

경외함은 골리앗 앞에 들고 선 몇 개의 조약돌에서도, 엔게디

무서워마라

광야의 한 동굴에서 만난 원수를 살려 보내는 것으로도, 그리고 자기 체면을 벗고 구원의 감격을 회복시켜 달라며 밤새 통곡했던 왕의 침상에서도 드러났다. 또 일천 번 제단 아래 엎드려 지혜를 구하던 왕에게서도, 제단 위 핀 숯불로 입을 가리려던 선지자에게서도, 그리고 희생제사를 몸으로 수행하기 위해 스스로를 깨끗하게 지켜야 했던 제사장의 태도에서도 알 수 있었다.

그것은 마리아와 요셉의 순종과 혼인잔치 두세 통 드는 돌 항아리 여섯 개 앞에도 있었으며, "그는 흥하여야 하겠고 나는 쇠하여야 한다"라는 세례 요한의 소명선언문에도 들어 있었다. 메시아를 만났다고 뛰어가며 외치던 수가성의 한 여인과 베데스다의 38년 된 병자와 오병이어를 가지고 나온 한 코흘리개의 손길에도 있었다.

경외함은 뽕나무를 오르내렸던 키 작고 죄 많은 한 세리장의 식사 초대와 열두 해를 혈루병을 앓던 여자가 메시아의 옷자락을 만졌던 손길과 달리다굼 일어난 소녀의 부활과 마르다의 조문객들에게서도 볼 수 있다.

또한 잠시 물 위를 걷던 베드로에게도, 디베랴 호숫가에서 만난 153마리의 생선 앞에도, 예수님의 빈 무덤 앞에도, 엠마오로 내려가는 길 위에도, 오순절 다락방에도, 예루살렘 교회와 안디옥 교회와 로마, 고린도, 에베소, 빌립보, 더베, 베뢰아, 겐그레아, 가이사랴, 두아디라, 마게도냐 그리고 땅 끝까지 이르러 예수님의 증인으로 살아가는 모든 사람들에게도 늘 있었다.

그리고 오늘날도 경외함은 살길 제치고 죽음으로 직진하던 순교자들의 이름 모를 비석들 위에도 수두룩하게 새겨져 있다.

무능함.

고통 그 자체는 별로 무섭지 않다. 다만 그들에게 드리워져 있는 죽음의 그림자가 무섭다. 죽음 앞에서 무기력한 모습은 더 두렵다. 다가올 위험에 저항할 만한 힘이 자신에게는 없는 상태이다. 배는 바다에 저항할 때 물에 뜰 수 있다. 그러나 우리의 인생은 죽음에 저항해도 생명의 부력을 스스로의 힘으로는 얻어낼 수가 없다.

죽음 앞에서의 두려움은 잠시 잠깐의 허우적거림일 뿐이다. 죽음은 결국 닥친다. 그러나 아예 무능력을 인정해버리면 이야기가 달라진다. 무서워서 발버둥치는 것이 아니다. 발버둥을 치다 보면 무서워진다. 허우적대는 동안 죽음보다 크신 하나님에 대한 두려움에서 점점 멀어지게 된다.

시체처럼 가만히 힘을 빼고 누워만 있어도 뜬다. 두려움을 필연으로 끌어안아버리면 산다. 죽을 수밖에 없는 인생임을 인정해버리면 산다. 죽기로 작정하면 산다. 죽어야 산다.

바울이 그랬다. 날마다 죽는다고(고전 15:31), 약할 때 강해진다고(고후 12:10) 했다. 지혜자들도 그랬다. 자신이 약할 때 함께

무서워마라

해달라고(시 71:9) 했으며, 그 육체와 마음이 쇠약할 때 반석 되신 하나님께 매달렸고(시 73:26), 풀 위의 이슬 같은 인생을 노래해왔다(찬송가 74장). 아무리 외면해도 무능력함이 진실이다. 우리는 약하다. 그것이 사실이다.

자신의 무능력을 깨달으면 아예 무서울 필요조차 없다. 에릭 호퍼

무능했던. 용자들.

가장 담대한 행동을 했던 성경 속의 인물들을 유심히 살펴보면 공통점이 발견된다. 그들은 무능력했다.

이삭을 담대히 제단 위에 올려두었던 아브라함은 믿음의 실패와 회복으로 점철된 연약한 인생이었다(창 22:12). 목숨을 걸고 왕의 명령을 어겼던 히브리 산파들은 당시 이집트 사회에서 가장 연약한 사람들이었다(출 1:21). 바로 앞에서도 담대했던 모세는 40년 묵은 말더듬이 도망자일 뿐이었고(출 6:30), 홍해를 건넜던 승리의 민족, 아말렉과 전투에서 이긴 출애굽의 용자들도 모세 이상으로 연약한 노예 집단이었다(출 14:31, 20:20 ; 신 3:22, 6:1). 그들은 풍전등화처럼 광야에서 40년을 떠돌아야 했던 약하고 악한 민족이었다(신 9:19 ; 삼상 12:15).

300명의 용사를 이끌고 미디안으로부터 이스라엘을 구원하는 데 쓰임 받았던 사사 기드온 역시 므낫세 중에서도 극히 약한 자

였고(삿 6:15), 나귀 턱뼈 하나로 블레셋 용사 천 명을 쳐 죽였던 사사 삼손도 가장 연약해졌을 때 가장 큰 승리를 거두었다(삿 16:30).

지혜의 왕 솔로몬은 어떻게 나라를 다스릴지 몰라서 수도 없이 하나님께 지혜를 구했으며(왕상 3:4), 이스라엘의 구원자이며 가장 위대한 왕이었던 다윗은 이새의 막내아들이었다(삼상 17:58).

신약성경 27권 중 13권이나 기록한 사도 바울도 정작 죄인 중의 괴수였고(딤전 1:15), 거꾸로 못 박혀 죽었다는 담대한 순교자 사도 베드로는 예수님을 세 번이나 부인했고(막 14:72), 벌겋게 달군 풀무 그릇 위에서 순교를 당했다는 담대한 사도 도마는 예수님의 부활을 의심했던 약자였다(요 20:25).

예수님께서 직접, 복음이 전파되는 곳마다 함께 말하여 기억하라고 명령하신 향유옥합 스토리의 주인공 또한 정작 그 동네에서 유명한 죄인인 여자였다(눅 7:37).

성경은 그에 순종하는 자들의 삶에서도 반복된다. 우리도 무능하다. 우리는 의인이 아니다. 예수 그리스도를 따르다 보니 "의인"으로 호칭 받아 대담해진 것뿐이지(행 13:39), 예수 바깥에서의 우리는 용자가 아니다. 사자를 따르다 보니 맹수의 심장을 갖게 된 것뿐이다(암 3:8). 의인은 사자같이 담대하니라 잠 28:1

무서워마라

두려움을. 이기는. 길.

'보편 은혜' 가운데 사색했던 철학사고의 중심에도 두려움의 역설이 있었다. 공자는 《논어》에서 군자의 두려움이 천명天命뿐이라 했고, 《상서》에서는 두려워함으로 두려움에 빠지지 않음을 역설했다. 장자는 외편 《달생》에서 사람이 마땅히 두려워할 바를 두려워하지 않는 것을 죄라고 했다. 그럼에도 그들은 그 대상을 구체적으로 밝혀주지 못했다.

철학자들의 말을 빗대어 쓰자면 군자가 두려워해야 할 천명은 하나님의 말씀이다.

죄를 피하는 방법은 하나님을 두려워하는 것이다. 그분을 두려워함으로 다른 두려움에 빠지지 않는다. 성경을 보면 알 수 있다. 거기 두려움을 이기는 두려움의 실체가 있다. 두려워하지 말아야 할 것들을 몰아내는 궁극의 두려움이 있다.

그분은 세상보다 거대한 존재이다.
그분은 죽음보다 크신 분이다.
그분이 공포의 끝판왕이다.

야훼.

사막의 밤과 낮을 경험한 사람이
환절기의 온도 차이쯤을 두려워하겠는가?
하물며 하나님을 경외하는 사람이
삶과 죽음의 간격쯤 무서워하겠는가?

하나님을 두려워하라.
그러면 죽음도 맥없다.

공포의 절정은 죽음이 아니라 하나님이다. 그분은 생명의 숨을 불어넣어 주신다. 바로 생명의 원천이시다. 모든 능력이 있으시고, 모든 장소에 거하시며, 모든 지식을 가지신 분이다.

그분이 모든 두려움의 근원인 죽음을 끝장내셨다. 예수님을 자신의 구원자로 받아들이는 믿음을 통해 우리는 그분의 죽으심과 연합하여 죄에 대해 죽고, 그분의 부활과 연합하여 의에 대해 살게 되었다. 내 연약함은 죽이고 그분의 강함으로 대신 살게 되었다.

두려움의 종착인 사망은 죄의 결과로 모든 인류를 덮었다. 그러나 믿음으로 예수님과 함께 십자가에 못 박힌 우리의 존재는 죽음을 이미 죽었다. 두려움의 대상을 결딴냈다.

죽음은 감정이 없다. 주검은 흙이 소유한다. 십자가 위에 걸린 죽음은 이제 땅의 것이다. 땅의 무덤은 비었다. 예수님이 부활의 첫 열매가 되셨고, 죄에 대해 이미 죽은 우리는 예수님과 연합해서 부활의 마지막 열매가 되어가고 있다.

다시 얻은 새 삶은 땅의 창조주께서 소유하신다. 흙에 생기를 불어넣어 새 생령을 만드신 하나님이 소유하신다. 공포의 대상은 자취를 감췄고, 새로워진 생명은 과거의 소유주를 버렸다.

그럼에도 우리가 죽음을 계속 두려워한다면 그것은 믿음 이전으로의 회귀回歸를 뜻한다. 그것은 이미 죽고, 이미 부활했음을 무시하는 것이다.

죽음의 문제가 해결되기 이전의 기억에 의존해 죄의 경향성과 관성을 다시 지지한다는 뜻이다. 하나님이 아닌 다른 어떤 것을 두려워하는 것은 믿음의 내용에 반反하는 감정이다. 신앙고백을 무시하는 감정이다. 그때는 다시 믿음으로 돌아갈 때다. 하나님을 두려워하기로 결정하며 회개할 때다.

두려움의 바다 위에 홀로 부유浮游해도 연약함조차 버리고 잠잠히 하늘을 바라봐야 한다. 예수 안에서조차 하나님 이외의 다른 두려운 존재가 있다면 그때는 하나님을 두려워할 때다. 몸은 죽여도 영혼은 능히 죽이지 못하는 자들을 두려워하지 말고 오직 몸과 영혼을 능히 지옥에 멸하실 수 있는 이를 두려워하라 마 10:28

죽으면 죽음은 끝이나. 그러나 하나님은 끝이 없으시다. 그분을 두려워하면 죽음이라도 미천하다. 로마시대의 순교자들을 생각해보라. 팔다리가 묶여 산 채로 콜로세움 경기장의 횃불로 타 죽는 것은 무섭다. 서슬 퍼런 맹수들의 송곳니에 팔다리를 하나씩 내주며 죽는 것도 두렵다. 그러나 지옥 불에 던져져 사단과 함께 하나님의 진노 가운데 심판을 받아 영원토록 타오르는 것이 가장 무섭다. 온 우주를 말씀 한 마디로 창조해내신 야훼의 우레와 같은 음성에 비하면 맹수의 허기 서린 포효쯤은 아무것도 아니다.

하나님을 더 무서워할 때 어떤 죽음도 무섭지 않게 된다. 박해의 현장에 이글거리며 도사리고 있는 죽음의 온도 앞에서도 담대

무서워마라

히 순교할 수 있다. "나는 죽음도 무섭지만 하나님이 그보다 더 무섭다!"라고 외쳐라. 그러면 두려움을 이긴다.

고장난 엔진이 기름을 먹지 못하듯 죄인은 말씀을 먹지 못한다. 하나님이 하신 일은 고작 기름을 바꿔 넣어주신 정도의 변화가 아니다. 그분은 아예 엔진을 들어내시고 새것으로 바꿔주신다. 죄를 이기고 말씀을 폭발시켜 생명의 동력을 이끌어내는 의의 엔진으로 존재를 갈아치워 주신다.

죄를 없애는 수준이 아니라 죄인을 의인으로 바꾸는 존재 변화의 효력이 그리스도의 죽음과 부활 안에서 우리의 믿음을 통해 실행되도록 해주신다. 그분은 두려운 분이다. 게다가 우리를 사랑하시는 분이다. 두려움과 사랑 사이에서 우리가 경외해야 할 마땅한 대상이다. 두려움을 이기는, 두려움의 대상이다.

경외감은. 종교심과. 다르다.

덧붙이자면 두려움으로 두려움을 이기는 역설은 경외감에 한한다. 우리는 하나님을 그냥 무서워하는 것이 아니다. 경외함으로 무서워한다. 그러나 하나님을 경외하는 것과 단순히 그분을 종교적으로 두려워하는 것은 다르다.

사랑과 공포가 공존하는 경외감은 관계 안에서 삶으로 습득되는 지혜다. 관계 바깥에서 단순한 두려움으로 하나님을 바라보는 태도로는 담대함에 아무 효력이 없다. 오히려 그분과 관계 바깥에서 단순히 심판을 두려워하는 상태는 더 많은 두려움을 만들어낼 뿐이다.

사랑의 관계 안에서 매를 휘두르시는 아버지 앞에서 단지 회초리만 두려워하는 태도를 가지고서는 효도를 하지 못한다. 예수님을 통해 하나님과 친밀한 관계를 시작하고, 그것을 지속적인 기도와 말씀을 통해 삶 가운데 진행해가는 과정이 있어야 두려움의 역설이 기능한다.

경외감 바깥에서 단순히 두려워하기만 하는 감정은 종교심이다. 종교심에도 하나님에 대한 공포는 있다. 네가 하나님은 한 분이신 줄을 믿느냐 잘하는도다 귀신들도 믿고 떠느니라 약 2:19 경외감은 주관을 죽이고, 성경을 확인하게 한다. 그러나 종교심은 회초리에 대한 공포를 부풀려 성경을 왜곡하는 안경을 만든다.

예를 들어, 지옥이 사단의 통제 하에 있다는 생각은 종교심에서 왔다. 천국문은 하나님이 지키시고, 지옥문은 사단이 지킨다는 생각도 마찬가지다. 성경에서 그런 기록은 찾아볼 수 없다.

천국이나 지옥이나 둘 다 하나님의 권세 아래 놓여 있고, 이것을 결정하는 판결자는 예수 그리스도이심을 성경은 반복해서 강조하고 있다(벧후 2:4 ; 마 10:28, 16:19 ; 요 5:22 ; 눅 8:31 ; 계 20:15). 검은 안대로 눈을 가리면 빛이 있어도 앞을 볼 수 없다. 종교심은 말씀의 빛을 가리는 검은 안대와 같다.

알면 무섭지 않다. 자기 경험을 벗고 성경을 펼치면 두려움은

없다. 사단이나 귀신은 두려운 존재가 아니라 더러운 존재일 뿐이다. 두려워할 존재는 따로 계신다. 하나님만을 두려워하라. 그리스도를 좇으라. 종교심을 포기하라. 경외함으로 말씀에 귀를 기울여라. 하나님이 얼마나 두려운 분이신지를 발견하라. 또한 그분이 얼마나 사랑하고 계시는지를 읽어보라.

찰랑거리는 커피잔을 들고 사무실을 가로지르는 부하직원마냥 조심스럽게 말씀을 살아라. 보배를 질그릇 안에 가득 담고 어쩔 줄 몰라 하며 한 걸음씩 숨죽여 주님 명령하신 좁은 길을 걸어가라.

천로역정에 도사린 수많은 공략들을 경외함으로 이겨라. 혹여 마음이 죄로 소란해지면 곧 멈추어 죽음보다 더 무서운 하늘의 불을 내려달라고 엎드려 기도하라. 그리고 죄가 남김없이 말씀의 불에 소멸되게 하라.

> 죽음 앞에서조차 무능력한 인생이다. 하물며 하나님이랴!
> 한 탈북자의 노래 가사

원리 11
하나님을 두려워함으로 다른 두려움들을 이긴다.

12 : 경외함

소년. 다윗.

　밤은 맹수들의 식사시간이었다. 이새의 막내아들은 양떼를 이끌고 야영 중이었다. 당시 이스라엘에서는 집집마다 양 한두 마리씩을 키웠다. 큰집에는 좀 더 많았다. 문제는 사료였다. 양은 풀을 많이 먹는다. 그들을 먹이려면 집에서 멀리 떨어진 곳에 있는 목초지로 데려가야 했다.
　양들이 많을수록 한번 나간 걸음이 야생에서 여러 밤을 보내기 일쑤였다. 이새의 집에서 가장 작은 자인 다윗은 양들을 밤새 지켰다. 푸른 초장 맑은 물가에서의 밤은 맹수들의 식사시간이었다.

무서워마라

밤의 위험 속에서 다윗은 언제나 '양의 문'이었다. 목자는 자신의 몸을 양 우리의 문으로 제공했다. 돌로 쌓아 만든 ㄷ자형의 우리 입구에 드러누워 양들의 밤을 밝혔다.

그는 지키는 자였다. 목자는 외부에서 안으로 들어오려는 야생의 사냥꾼들로부터 양떼를 지켰다. 그는 용사였다. 목자는 늑대들과 곰들과 야생 사자들의 위협 앞에서도 뒤로 물러서지 않았다. 또한 그는 맹수였다. 목자는 밤의 굶주린 적수들을 맹렬하게 물리쳤다. 그들이 사정거리 안에 들어오기까지 기다렸다가 돌팔매로 정확히 이마를 맞춘 후 달려들어 목을 뜯어냈다.

그는 불이었다. 적들을 향한 목자의 전의는 밤을 지새우며 이글거렸다. 목자가 있는 한 누구도 감히 어둠 뒤에 숨어 들어와 양의 목숨을 빼앗아갈 수 없었다. 그는 자신의 양떼에게 선한 목자였다. 양의 문이 되어 지키며 싸우는 맹렬한 전사이자 밤의 등불이었다. 그들의 구원자는 강하니 그의 이름은 만군의 여호와라 반드시 그들 때문에 싸우시리니 그 땅에 평안함을 주고 바벨론 주민은 불안하게 하리라 렘 50:34

목자. 다윗.

나라 전체가 공포에 떨었다. 키가 3미터에 이르는 맹수 골리앗이 도사리고 있었다. 그는 하나님의 양떼를 향해 우리 입구에서 늑대처럼 기어올랐다. 이스라엘과 이스라엘의 하나님을 욕하며 달려들었다. 일대일로 전쟁의 승패를 결정하자는데 이스라엘에는 그 싸움에 나설 목자가 없었다.

이제 이스라엘은 끝이었다. 골리앗은 행동대장에 불과했다. 그를 이기지 못하면 블레셋의 군대가 나라 전체를 빼앗아갈 것이었다. 무서움이 담긴 소문은 바람보다 빨리 달려 이새의 막내아들의 귀에도 닿았다. 아이는 소문에 분개했다.

'하나님을 모르는 자가 감히 이스라엘을 모욕하며 덤비다니!'

그의 심장에 불이 확 붙었다. 목자 본능이 타오르기 시작했다. 거기서 이스라엘의 한 목자가 일어났다. 사울 왕과 이스라엘 전체가 함께 깊은 두려움의 밤에 침잠되어 있던 시기였다(삼상 17:11,24). 들판의 양떼 틈에서뿐만 아니라 실제 전장에서도 다윗은 밤에 일어난 불과 같았다. 양의 문이 늑대를 향해 몸을 일으키며 불처럼 외쳤다. 이 할례 받지 않은 블레셋 사람이 누구이기에 살아 계시는 하나님의 군대를 모욕하겠느냐 삼상 17:26

목자의 사자후였다. 두려움에 사로잡힌 이스라엘은 그를 '골리앗'이라고 불렀지만 두려움이 없던 다윗은 그를 '블레셋 사람'이라고 불렀다. 관점이 달랐기 때문이다. 누군가에게는 패배가 결정된 대전이 다윗에게는 필승이 보장된 한 번의 돌팔매질에 지나지 않았다.

그 두려움의 차이는 컸다. 사울 왕은 골리앗을 두려워했지만, 다윗은 하나님을 두려워했다. 사울 왕은 골리앗을 다윗과 비교

무서워마라

했지만(삼상 17:33), 다윗은 골리앗을 하나님과 비교했다(삼상 17:36,37). 사울 왕의 눈에는 블레셋의 군대가 보였지만, 다윗의 눈에는 하나님의 양떼가 보였다(삼상 17:34,35).

문을 지키는 자가 일어났다. 골리앗 앞의 다윗은 이스라엘을 지키는 양의 문이었다. 하나님의 눈으로 바라본 골리앗은 이전에 쳐 죽였던 늑대나 곰 같은 미물 중 하나였다. 다윗은 골리앗이 커 보이지 않았다. 목자가 맹렬히 외쳤다. 너는 칼과 창과 단창으로 내게 나아오거니와 나는 만군의 여호와의 이름 곧 네가 모욕하는 이스라엘 군대의 하나님의 이름으로 네게 나아가노라 삼상 17:45

골리앗, 60킬로그램에 육박하는 갑옷 뒤에서 블레셋 거인 용사의 근육 힘줄이 벌떡이고 있었다. 그가 들고 있던 무기들 중 창날 하나의 무게만 7킬로그램이었다. 골리앗의 입장에서 내려다보면 다윗의 외침은 결코 사자후가 아니었다.

3미터 높이에서 내려다본 무기도 없는 목동의 외침은 귓전을 간지럽히지도 못하는 앵앵거림이었다. 보이지 않는 것을 들고 맨몸으로 나와 속삭이는 신앙 간증은 골리앗의 눈앞에 하찮았다. 그러나 그 모깃소리 안에는 창조주의 강력이 스며 있었다.

다윗이 양떼들 틈에서 함께 자고 일어나며 경험한 하나님의 목양 방법과 싸움의 기술이 스며 있었다. 그의 신앙무기는 멸망하는 자들에게는 미련한 것일지 몰라도 하나님의 사람들에게는 하나님의 능력이었다. 불타오르는 목자는 자신의 몸을 양의 문으로 내놓았다.

노략자들로부터 빼앗긴 양들을 되찾기 위해 자신의 몸을 내놓았던 목자의 심정(삼상 17:35)은 이제 같은 불길로 블레셋의 한 거만한 싸움꾼을 향했다. 오늘 여호와께서 너를 내 손에 넘기시리니 내가 너를 쳐서 네 목을 베고 블레셋 군대의 시체를 오늘 공중의 새와 땅의 들짐승에게 주어 온 땅으로 이스라엘에 하나님이 계신 줄 알게 하겠고 또 여호와의 구원하심이 칼과 창에 있지 아니함을 이 무리에게 알게 하리라 전쟁은 여호와께 속한 것인즉 그가 너희를 우리 손에 넘기시리라 삼상 17:46,47

야훼. 맬레크.

이스라엘이 떨었던 이유는 골리앗 때문이 아니었다. 하나님을 경외하지 않았기 때문이었다. 이스라엘은 일찍이 사사기의 악순환의 굴레를 인간 왕을 통해 벗어나 보고자 했다. "야훼 맬레크 하나님이 왕이시다!"를 외쳐야 할 사람들이 반복해서 인간 왕을 달라고 사무엘에게 요구했던 이유는 불신앙이었다.

"불순종-전쟁-회개-회복-불순종"으로 이어지는 사사기의 패턴을 끊는 길은 지속적인 회개와 순종뿐이었다. 하나님을 왕으로 모시고 그 왕명을 따라 순종해야 악순환을 끊을 수 있었다. 순종을 통해 야훼 맬레크의 시대를 여는 것이 승리의 비결이었다.

그러나 이스라엘은 다른 길을 선택했다.

불순종을 멈출 생각을 하는 대신 불순종의 결과만 간결히 해결하고 싶어 했다. 전쟁의 원인인 불순종을 회개로 제거하는 대신 거기에서 단편적인 승리들만 가져다 달라는 심보였다. 그래서 전쟁 전문가인 왕을 요구했다.

그들은 하나님을 원하지 않았다. 인간 왕을 원했다. 하나님의 심판 앞에 회개를 선택하지 않고, 전쟁에 대한 미봉책을 원할 뿐이었다. 이것은 계속 불순종하겠다는 의지의 표현이었다. 전쟁과 고난 앞에 하나님을 향한 경외감은 찾아볼 수 없었다.

골리앗의. 강점은. 나의. 약점.

하나님을 경외하지 않는 인생에게는 인간 왕도, 블레셋도, 골리앗도 무섭다. 두려운 골리앗은 늘 일대일 싸움을 원한다. 가장 무서운 일이다. 나보다 크고, 더 힘이 세고, 무기도 더 많은데 일대일로 싸워야 한다니…. 하지만 그 두려움을 이용해서 불신으로부터 깨어나면 된다. 골리앗을 두려워하는 그때가 바로 자신이 얼마나 하나님을 경외하지 않는지를 깨달을 때이다.

하나님을 경외하는 인생은 자신을 골리앗과 비교하지 않는다. 오히려 골리앗을 하나님과 비교한다. 하나님을 경외하는 인생은 블레셋의 선전포고를 들을 때, 골리앗에게 집중하지 않는다. 오히려 골리앗보다 더 거대한 하나님께 집중한다. 하나님의 광대하심을 생각하며 자기 자신의 상대적 작음을 발견하여 겸허히 엎드린다.

골리앗을 만나 두렵거든 인간 싸움꾼을 요구하지 말고, 진정한 왕이 되시는 하나님 앞에 납작 엎드려라. 하나님을 두려워하며 그분께 회개와 순종을 맹세하라. 골리앗이 나타났다며 두려움에 심취하지 말고, 하나님께 몰입하라. 기도와 말씀에 집중하라. 기도와 말씀이 우리의 홈그라운드 경기이다. 골리앗의 강점에 휘둘리지 말고, 자신의 강점으로 적을 끌어들여 싸워라.

성령의 소멸하는 불로 먼저 타올라 할례 받지 않은 그 블레셋 사람을 그리스도의 능력으로 멸하라. 무서우면 양의 문이 되신 그리스도께 피하라. 선한 목자께서 대신 싸우시도록 경외함으로 엎드리는 것이 우리의 강점이다.

그리스도께서 대신 싸우신다는 것을 믿기만 한다면 강가의 조약돌로도 승전할 수 있고, 나무 막대기로도 이스라엘을 통치할 수 있다. 골리앗이 내세운 원칙으로 싸우지 말고, 하나님의 법에 순종함으로 싸워라. 잘 알지도 못하는 적지에서 떨며 미적대지 말라. 오히려 홈그라운드로 골리앗을 끌어들여 자신에게 가장 익숙한 무기로 싸워라. 하나님을 두려워함에 깊이 젖어, 경외함이 전혀 없는 들판의 맹수들에게 진짜 맹수의 맛을 보여줘라. 너희는 여호와께서 너희를 위하여 행하신 그 큰 일을 생각하여 오직 그를 경외하며 너희의 마음을 다하여 진실히 섬기라 삼상 12:24

무서워마라

그러나 믿음의 방편들은 죄인의 마음에 거부감을 일으킨다. 기도는 할수록 어렵고, 말씀도 볼수록 어렵다. 그래도 멈추지 말고 훈련하라. 안 쓰던 근육을 사용하면 근육통이 온다. 그때 멈추지 말고 계속 훈련하면 아프던 근육이 더 강해진다. 믿음의 근육도 마찬가지다. 근육통이 온다고 멈추면 처음부터 다시 시작해야 된다.

하나님 앞에서 경외감으로 떨며 기도와 말씀의 자리를 지켜라. 호전적인 골리앗이 덤비기 전에 미리 믿음의 근육을 단련하여 담대한 성도가 되라. 이미 골리앗이 코앞에 서있더라도 놀라지 말라. 믿음의 일이 영적전쟁을 수반하는 것은 당연하다. 천국의 문을 열어 지상에 하늘의 불을 던지는 성도를 세상의 신들이 어떻게 가만히 두겠는가!

어떤 치열한 싸움에도 놀라지 말고, 계속 마음을 지켜라. 믿음의 사람답게 굳게 서라. 강하고 담대해라. 믿음의 전우들과 함께 전투의 현장에 든든히 서라. 그 대열에서 이탈하여 멈춰버리지 말고, 예수의 깃발을 높이 들어 골리앗을 두려워하는 다른 군사들에게 희망이 되라.

갑옷이 없다, 지위가 없다는 변명을 멈추고
지금 손에 있는 그 돌멩이와 지팡이로 싸워라.
깊이 숨을 고르고 대장 예수 옆에 굳게 서서,
자신의 싸움을 하라.

홈그라운드 경기를 하라.
하나님을 경외하라.

breathe

우리의 선한 목자이신 예수께서 이미 이기신 싸움이다. 이미 이겨놓은 싸움에서 비실거리며 사기 떨어뜨리지 말고, 골방으로 들어가 기도의 내공을 쌓고, 독서와 연구로 말씀의 검법을 연마하라. 골리앗에게 쫄지 말고, 기도로 정복하고 말씀의 검으로 썰어버려라. 깨어 믿음에 굳게 서서 남자답게 강건하라 고전 16:13

역류하는. 불꽃처럼.

한 끼만 건너도 또 배고프고, 회개로 털어버린 죄들을 또 골라 먹고 마시는 그 연약한 몸을 주께 드려라. 연약한 무릎, 상한 심령, 흔들리는 눈물로 예수께 나가라.

기도와 말씀의 자리에서 불타올라라. 지는 해 따라 잠깐 짙어졌던 그림자마냥 곧 소멸할 인생, 썩어 없어지기 전에 소명 따라 타올라라. 남겨두지 마라. 완전 연소해서 후대에도 본이 되라.

이 모든 약함과 제한의 끝에서 주님 기다리시는 천국 본향 아버지 집을 향해 곧게 타올라라. 인생의 전부가 하나님을 반영하는 불처럼 타오르며 세상을 집어삼키는 불의 용사가 되라. 기름으로 가득 찬 그릇에 불씨 하나만 튀어도 위험천만하듯, 성령의 불꽃 앞에 정결의 기름을 가득 준비해서 세상에게 두려움이 되라. 거룩의 불을 꺼뜨리는 모든 불연물질들과 관계를 매순간 끝장내라.

바람 부는 겨울 들판에 번져가는 달불처럼 거칠고 빠르게 움직이는 예수 운동가가 되라. "잘하였도다 착하고 충성된 종아"(마 25:21)라는 칭찬을 기다리며 언제나 자신을 영적 연소물질로 성령의 불에 던져 넣어라.

떠내려가는 죽은 물고기떼처럼 시류를 따라 사는 인생을 불살라라. 부활신앙을 가진 자답게 펄떡이는 생명력으로 불꽃처럼 역류하라. 하나님의 불을 밝히기 위해 자신을 포기하라. 피 흘리기까지 죄와 싸우며 예수와 함께 십자가에 못 박힌 인생을 살아라.

개인적 욕망과 세상의 거짓 아이디어들을 거슬러 눈물도 피처럼 흐르는 혁명가가 되라. 타다 만 장작은 지저분하니 차라리 맹렬한 불이 되라.

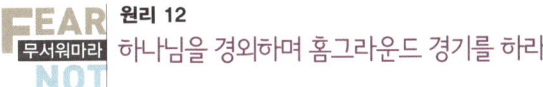

원리 12
하나님을 경외하며 홈그라운드 경기를 하라.

13 : 끝까지 가라

예수님의. 명령 따라가기. 1년 후.

아침부터 계양산 능선이 먹구름으로 희미했다. 눈 소식이 있었다. 중요한 날이었다. 예수님의 명령을 문자적으로 순종하며 따라가기 연습을 해온 지 1년이 되는 날이자 그 해의 마지막 주말이었다. 첫 해를 마무리하며 교회의 두 번째 해를 준비하기 위해 개척 멤버들이 모이기로 했다. 조마조마했다.

그동안 너무 많은 일이 있었다. 홍대를 중심으로 복음으로 거리마다 사람들 사이를 쓸고 다니다시피 했고, 누군가는 자기 재능으로, 누군가는 자기 생일 초대를 전도의 도구로 활용하며 교회를 세워 나가기도 했다. 매일 승전가가 있었고, 성령의 열매들이 있었으며, 모두 그리스도 안에서 눈부시게 성장했다.

눈물도 기쁨도 많았고, 빈곤에 처할 줄도 부에 처할 줄도 알았던 시간이었다. 전도하다, 기도하다, 예배하다 쫓겨나며 삶의 현장에서 그리스도의 남은 고난을 그의 몸 된 교회를 위해 자기 육체에 채우는 시간이었다.

거리에서 거리로, 이 집에서 저 집으로, 그리고 공터, 놀이터, 건물 옥상, 커피숍, 음악연습실 등을 닥치는 대로 돌아다니는 동안 서로에게서 더욱 예수님을 깊게 발견하는 시간이었다.

그러나 빛이 강한 만큼 그림자도 짙었다. 얻은 열매 뒤에는 아직 여물지도 못했는데 떨어져버린 이들도 있었고, 회개의 요구 뒤에는 죄를 고집하다 끝내 상처받고 도망친 영혼들도 있었다. 뿐만 아니라 의를 행하다 만난 고난과 어려움이 가시넝쿨이 되어 푸릇한 복음의 싹을 가로막기도 했다. 또한 하나님이 주신 은혜가 교만의 근거가 되기도 했다.

간증도 사연도 많았던 한 해를 정리하며 다음 해를 준비하기 위한 특별한 시간을 4명의 개척 멤버들과 약속했다. 그 해의 마지막 토요 리더십 모임의 중요성을 함께 나누며 약속했다. 날짜도 잊을 수 없다. 2012년 12월 29일. 그날의 온도가 아직 코끝에서 느껴지는 듯하다.

아내와 나는 한 시간 일찍 도착했다. 한 해 농사를 마무리하는 농부 같은 분주함이었다. 이삭을 정리하고 종자를 골라내고 모종을 옮겨 심어야 하는 날이었다. 약속장소에는 사람이 뜸했다. 홍대 거리의 깨진 술병들이 거리의 청소부들을 만나는 시간이었다. 신호등 아래가 썰물의 개펄마냥 허전했다. 모이기로 한 장소는 낮에는 커피숍, 밤에는 선술집으로 운영하는 곳이었다.

먼저 도착한 아내와 나는 회의 자료를 준비하며 짧고 굵은 대화를 나누었다. 건물 중심이 아닌 예수님을 따라가는 사람들의 모임 중심으로 교회를 계속 해나가는 것에 대한 토의 준비였다. 1년 전 첫 모임에서 보류되었던 질문, "교회가 무엇이냐?"를 다시 물을 생각이었다. "교회는 예수님의 것"이라는 전제를 재확인하기 위해. 지난 1년간 수고했듯, 계속 제자 모임 중심의 교회를 함께 해나가겠냐는 질문도 준비했다. 대화 준비를 마치자 약속 시간이 되었다.

개척 멤버 4명 중 첫 사람이 등장했다. 우리들 중 가장 신실한 한 형제였다. 죄가 많아 눈물도 많고, 회개가 커서 은혜도 컸다. 죄에 대해 죽고 의에 대해 빛나게 살고 있는, 가장 어두우면서도 가장 밝은 형제였다.

그가 어깨에 쌓인 눈을 털며 웃었다. 예수님이 오신 것만 같았다. 반가웠다. 다음 사람의 등장이 궁금해서 인사를 나누면서도 계속 출입문 쪽을 힐끗거렸다. 그러나 이후로 아무도 나타나지 않았다.

다만 문자 메시지들이 여기저기서 급히 날아왔다. 갑작스레

생긴 가족모임들과 감기가 결석의 이유였다. 사람 대신 문자가 온 상황이 믿어지지 않았다. 즉흥적인 결석인 것 같아서 마음이 더 아팠다.

통증이 손가락 끝에서 기어올라 뱃속으로 내려갔다. 다섯 손가락이 안 되는 숫자여도 내 몸의 전체여서 그랬다. 제자들의 모임으로 교회를 세우려는 시도는 1년으로 충분한 것 아니냐며 허전한 커피 테이블이 내게 말하는 것 같았다.

창 밖으로 눈발이 거세져 밤 같았다. 두려웠다. 그러자 내 안으로 거짓이 몰려왔다.

'아내와 딸을 데리고 거리를 돌아다니며 1년 동안 사역한 결과가 겨우 한 명이냐?'

언뜻 그럴 듯했다. 선뜻 물리치지 못했다. 말씀을 펼치기가 힘들었다. 나는 생각할 시간이 필요했다. 그래서 커피를 주문하고 오겠다며 테이블을 떠났다. 아내와 형제는 나를 기다리며 대화를 나누고 있었다. 다행히 음료의 종류가 많아서 기도할 시간을 벌었다.

'주님, 도와주세요.'

메뉴판 앞에 서서 짧고 굵게 기도했다. 그러자 성령님의 내적 음성이 말씀으로 임했다. 내가 이 반석 위에 내 교회를 세우리니 음부의 권세가 이기지 못하리라 마 16:18

예수님의 교회를 그분이 세우시며 그분이 승리하신다. 불안하

무서워마라

던 정신이 맑아졌다. 가족까지 이끌고 거리를 헤매며 세웠던 교회는 내 것이 아니었다. 시작할 때도, 모일 때도, 흩어질 때도 한 번이라도 내 이름으로 무엇을 실행한 적이 다행히 없었다.

웨이처치는 주님의 교회였다. 말씀 한 줄기에 불안이 물러갔고, 두려움의 대상이 보이기 시작했다. 나는 실패를 두려워하고 있었다. 만약 1년 동안 사역한 결과를 돌아보는 중요한 리더십 모임에서 다수가 결석했다면, 그것은 '나의 실패'라는 공식이 두려움의 내용이었다. 이것은 두 가지 측면에서 넌센스였다.

첫째, 교회가 내 것이 아니므로 실패가 내 것일 수 없었다. 둘째, 교회의 성공이나 실패의 여부가 모임의 참석 숫자에 의해 결정되지 않는다.

하나의 유혹이 물러갔다. 따뜻한 음료 세 잔을 주문했다. 그런데 두 번째 유혹이 다가왔다. 두 달 전이었다. 400명 정도의 성도들이 모이는 한 전통 교회의 담임목사 자리로 오라는 선배 목사님의 연락이 있었다. 나는 슬그머니 주머니 속의 전화기를 만지작거렸다. 그때 괜히 거절했나 싶었다.

차와 사택을 주고 사례비도 꼬박꼬박 챙겨준다던 말이 갑자기 선명히 떠올랐다. 두려웠다. 또 기도 시간이 필요했다.

'주님, 도와주세요.'

다행히 성령께서는 다시 말씀해주셨다. 손에 쟁기를 잡고 뒤를 돌아보는 자는 하나님의 나라에 합당하지 아니하니라 눅 9:62 예수님의 말씀이었다.

웨이처치는 즉흥적으로 시작된 교회가 아니었다. 내가 땅 끝까지 이르러 예수님의 증인이 되는 소명에 응답을 한 후에 16년이나 전력으로 달려와서 겨우 얻은 이름이었다. 이미 '웨이처치 개척'이라는 소명에 성경을 펼쳐놓고 기도하며 헌신했다.

선배 목사님의 후임은 내 미션이 아니었다. 그뿐만이 아니었다. 개척 과정에서 한 번도 굶거나 모자랐던 적이 없었다. 내가 먹고 살 것을 염려한다는 것은 사실에 근거하지 않은 두려움이었다. 모든 필요는 하나님이 채워주셨다. 적시적소에서 가장 필요한 것들이 주어져왔다. 하루 이틀 경험한 것이 아니었다. 진위의 기준이 성경에 있었고, 경험 도처에 증거가 많았다. 두 번째 유혹이 떠났다. 세 잔의 음료가 나왔다.

테이블 쪽을 보니 아내가 반갑게 손을 흔들었다. 그리고 한 명의 리더가 그 옆에 앉아 있는 것이 눈에 들어왔다. 어느새 세 번째 유혹이 다가왔다. 나에 대한 유혹이 떠나자 또 다른 유혹이 아내를 바라보는 시선을 타고 기어들어왔다.

1년 6개월 전, 미국을 떠나기 직전의 전화 한 통이 떠올랐다. 월스트리트의 한 헤드헌터가 아내에게 금융가의 멋진 일자리를 제안했다. 그리고 그녀의 담당 교수님이 미국에서 박사과정에 대

무서워마라

한 좋은 조건을 제안했다.

'만약 아내에게 미국으로 돌아가자고 말한다면 어떨까?'

이런 생각이 스쳤다. 뉴요커가 되든 교수가 되든 미국으로 돌아가는 것이 더 편한 길 같았다. 그것이 교회 개척보다 쉬워 보였다. 나는 다시 불안해졌다. 5미터도 안 되는 그 거리가 너무 길었다. 유혹이 무서움으로 몰아치고 있는 것을 아내에게 들킬까 봐 두려웠다.

테이블에 도착했다. 모임을 진행할 만한 감정 상태가 아니었다. 겨우 두 개의 두려움을 물리쳤는데, 이제 막 나타난 세 번째 두려움은 미처 대처할 시간이 없었다. 그대로 회의를 진행하면 내 안의 두려움이 쉽게 그들에게 전이될 것 같았다. 나는 다시 기도 시간을 벌어야 했다. 그래서 함께 기도하는 시간을 갖자고 말했다.

기도가 시작되자마자 셋 다 울기 시작했다. 우리의 모습이 처량하기도 하고, 교회를 개척하는 일에 대한 수고로움 때문인 듯도 했다. 그리고 하나님이 하실 일에 대한 기대감도 있었던 것 같다. 그러나 내 울음은 서글퍼서였다. 기도를 빙자한 한풀이 같은 것이었다. 아침까지만 해도 확신에 차 있었는데 불과 몇 분 사이에 유혹에 시달리나 싶어 슬펐다.

엘리 제사장에게 오해를 샀던 한나 아줌마처럼 꺼이꺼이 울었다. 교회를 성공시키고 싶은 비성경적 욕구를 들켜서, "내 교회"

라는 내 음성이 "내 교회"라는 예수님의 음성에 부딪혀서 그랬다. 성공과 실패에 대한 흔들리는 기준과 아직도 품고 있는 소명 밖의 다른 가능성들에 대한 열정 때문이기도 했다. 성령님은 이번에도 말씀해주셨다. 네게 무슨 상관이냐 요 21:23

맞다. 나랑 상관없다. 그녀의 결정이었다. 뉴요커의 자리는 아내가 스스로 거절했던 자리였고, 박사과정도 그랬다. 거절해달라고 내가 부탁하지도 않았고, 그녀가 나 때문에 거절한 것도 아니었다. 웨이처치 개척을 서울에서 진행하기 위해 그녀가 내린 결단이었다. 그 소명은 내 것이 아니었다. 아내와 하나님 사이에서 진행된 결정이었다.

아내가 개척을 선택한 근거는 오롯이 하나님이었다. 하나의 선택은 다른 것들에 대한 거절이라는 대가지불을 요구했다. 아내는 개척을 결정한 대가를 이미 지불했고, 그 안에는 경력에 대한 포기도 들어 있었다. 그 상급은 그녀가 받게 될 것이었다. 유혹은 진실이 아니었다.

거짓이 탄로나자 두려움이 물러갔고, 그 빈자리에는 말씀과 확신이 들어찼다. 좁은 문으로 들어가기를 힘쓰라 내가 너희에게 이르노니 들어가기를 구하여도 못하는 자가 많으리라 눅 13:24

남들이 가지 않는 길로 가는 소명을 주셨음이 다시 감사하고 기뻤다. 성공과 실패에 대한 기준을 다시 말씀으로 세우고, 눈앞에 있는 아내와 형제에게 위로와 도전을 줄 시간이었다.

나만 두려워했던 것은 아니었을 것이다.
그들도 마찬가지였을 것이다.
그들에게 닥친 유혹과 두려움을
**하나님의 말씀으로 물리치도록
도와주어야 했다.**

second prologue

오염.

눈 오기 전 아침은 흐렸다. 폭설이 예견되었다. 마찬가지로 지난 몇 주 동안의 리더십 모임은 흐렸다. 마지막 모임의 결석도 예견된 것이었다.

첫해의 늦가을부터 예수님의 명령 따라가기 실행에 대해 한 명씩 힘에 부쳐 했다. 모두에게 많은 어려움을 불러일으켰다. 예를 들어, "회개하라"(마 4:17)는 자유를 주었지만, 동시에 거룩의 상태를 싫어하는 죄의 경향성은 "자유롭게 죄를 짓고 싶다"는 속임으로 괴롭혔다.

"나를 따라오라"(마 4:19)는 명령에 순종함으로써 우리들은 참된 제자 정체성을 얻었지만 동시에 예수님 이외의 의지하는 대상들과 결별하기 싫어서 순간순간 방향 없이 호소했다.

"기뻐하고 즐거워하라"(마 5:12)는 순교적 신앙은 언제 어디서나 강하고 담대한 예수님의 증인으로서의 삶을 주었지만, 동시에 날마다 자기를 부인하고 자기 십자가를 지고 가며 고난의 잔을 마시며 살아야 하느냐는 반항심의 공존도 낳았다.

말씀대로 사니 죄를 원하는 자아가 자리 잡고 설 곳이 없었다. 예수님을 인생의 중심에 두고 서로 점검하며 살다 보니 편하던 삶(?)이 점점 없어졌다.

어느 편에서 보느냐에 따라 반전될 수 있는 빛과 어두움이었다. 빛은 어둠을 물리치지만, 어둠은 빛을 미워한다. 죄의 경향성

무서워마라

은 관성이 강했다. 죄의 진창에서 죽어가는 돼지를 보혈로 씻겨서 은혜의 방으로 데려다 놓고 생명의 음식을 주었더니, 실컷 먹고 배불러 더러운 데로 되돌아가는 것과 같았다(마 7:6). 말씀대로 순종하는 은혜를 맛보았더니 슬그머니 죄의 맛이 추억되는 이상 현상이었다.

그런 마음을 알아채는 것은 어렵지 않았다. 왜냐면 사람의 마음은 그의 입의 말로 짐작할 수 있기 때문이다(눅 6:45). 예수님에게서 멀어지는 마음은 예수님에게서 멀어지는 입술로 충분히 알 수 있다.

첫해 마지막 몇 달 동안 우리의 대화에서 예수님 이야기의 빈도가 줄고 있었다. 오히려 그 자리를 자아가 차지하기 시작했다. 개인의 고통의 문제와 그에 대해 위로 받고자 하는 욕구가 대부분의 주제였다. 아파서 무섭고, 가난해서 무섭고, 취직 못해서 무섭고, 남들보다 키가 작아서 무섭고, 못생겨서 무섭고, 학교 기말시험이 무섭고… 그런 식이었다. 거기에 말씀과 기도의 처방은 어느 순간부터 통용되지 않았다.

이유도 성경에 나온다. 교회에서는 한 사람의 죄가 전체에게 금방 번진다(갈 5:9). 순수할수록 빨리 오염된다. 고작 커피 테이블 하나에 둘러앉을 수 있는 수의 모임이라 서로 영적 상태를 숨기기가 불가능했다.

회개하지 않은 죄의 결과로 맺은 입술의 열매들이 금세 전체의 마음에 퍼져나갔다. 한 명의 의심이 전체의 불신이 되고, 한 명의 부정이 모두의 더러움이 된다. 죄 누룩은 전체를 부풀게 한다(고전 5:6).

건물 교회에 대한 이야기가 전도와 제자화에 대한 대화보다 더 자주 오고 갔다. 정해진 예배 시간과 정해진 주소지에 대한 그리움의 동기가 죄의 추억에 근거했다. 마음 그릇의 반은 예수님께, 또 다른 반은 자아에게 내주었다. 마음이 짬짜면 그릇이 되어가고 있었다. 우리는 그때 두 마음을 품고 있었다. 두 마음을 품은 자들아 마음을 성결하게 하라 약 4:8

성경대로라면. 죽어도. 좋다.

한 해를 정리하는 마지막 리더 모임에 나온 그 형제가 비장하게 물었다.

"목사님. 우리 웨이처치 계속할 거예요?"
또 침묵이 흘렀다. 내가 말을 이었다.
"왜? 아무도 안 와서?"
"네."
"그러면 너는 뭐야?"
"네?"
"네가 왔잖아."

사실 그 형제는 지난 1년간 눈부신 성장과 많은 영혼 열매들을 맺어왔던 핵심 리더였다. 교회가 무엇인지를 묻기 전에 교회가 누구인지를 질문하며 예수께 모두가 집중하도록 이끌어왔던 믿음의 용사였다.

일당백, 일당천을 할 수 있는 사람들의 모임이었던 웨이처치 리더십에서도 가장 인정받는 형제였다. 그 한 사람이 왔으니 괜찮다는 뉘앙스였다. 대화는 그렇게 시작되었다.

우리는 그때 성경을 펼쳐놓고 이야기를 나누었다. 성경이 우리의 힘이었다. 하나님의 역사가 다수결에 의존했던 적이 성경에 한 번이라도 나온다면 거기까지 하자고 선언했다. 하나님이 죄인들의 숫자가 많을 때에야 힘을 발휘하시는 분이라고 성경으로 한 마디라도 할 수 있다면 개척을 거기까지 하자고 선언했다.

그러나 성경은 우리의 두려운 상황을 담대함으로 바꿔나갔다. 대화가 지속될수록 우리는 점점 성경을 따르고 싶은 담대함으로 뜨거워졌다. 돌들로도 하나님께 영광을 돌리게 하실 수 있는 분(눅 19:40)이 우리와 함께 계시며 성경으로 말씀하고 계셨다.

두세 사람이 예수님의 이름으로 모였다면 그것으로 충분했다. 1년 동안 성경에서 벗어난 내용을 모임에서 실행한 적이 한 번이라도 있었는지 함께 점검했다. 하루하루 성경을 붙들고 함께 달려왔던 시간임을 재확인했다. 더 성경적인 교회를 너무 하고 싶어서 경험을 벗고 기도와 말씀으로 뭉친 사람들의 모임이 웨이처치임을 함께 복기했다. 거의 세 시간에 걸쳐 대화했다.

개척 여정을 하나씩 떠올리며 말씀을 기준으로 다시 교회를 선언했다. 한 해를 마무리하며 외친 선언이었다.

"성경이 옳다고 하는 길로 끝까지 함께 가자."

탁자 위로 성경을 펼쳐 드는 우리 손에는 힘이 있었고, 폭설은 주일 아침까지 멈추지 않았다.

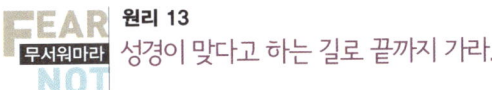

원리 13
성경이 맞다고 하는 길로 끝까지 가라.

14 : 믿음과 두려움 사이

믿음의. 은사.

저항이 순응을 이룬다. 날개가 바람에 저항해야 비행기가 하늘에 안기듯 성도가 죄에 저항할 때에야 교회는 세속의 품에서도 떨지 않고 보란 듯이 영혼열매들을 얻게 된다.

자기가 무서워하는 것을 하라. 그러면 무서움은 없어진다.
에머슨

두려움의 원인은 죄이고, 그에 저항하는 방법은 믿음이다. 두려움은 믿음의 액션으로 부순다. 믿음은 사랑만큼이나 명사로 쓰고 동사로 읽는다. 믿을 때 죄를 사하시는 십자가의 능력이 삶에 적용된다. 믿을 때 예수님의 부활의 능력이 인생 가운데서도 발휘된다. 믿음이 두려움을 이긴다. 내가 진실로 진실로 너희에게 이르노니 나를 믿는 자는 내가 하는 일을 그도 할 것이요 또한 그보다 큰 일도 하리니 이는 내가 아버지께로 감이라 요 14:12

믿을 때 모든 은사들도 의미 있게 사용하게 된다. 그들은 믿음으로 역사한다. 믿음의 은사가 대집합이고, 그 꼭대기에는 예수님이 계신다. 예를 들면, 치유의 은사란 고치실 예수님에 대한 믿음의 은사이다. 축귀의 은사도 마찬가지다. 귀신을 내쫓아주실 예수님에 대한 믿음의 은사다. 방언도, 통변도 그렇다. 다양한 언어로 기도하게 하시는 예수님의 역사에 대한 믿음의 은사이다. 예언도, 가르치는 것도, 지혜도 그렇다. 믿어야 효력이 있는 믿음의 은사들이다.

예수님이 내 안에서 나를 대신해 일하시게 하는 방법은 믿음이다. 모든 은사들이 다 예수님 안에 있고, 그분이 우리 안에 계신다. 예수님을 받았으니 이미 다 받은 것이고, 이제는 믿음을 통해 꺼내 쓸 일이 남았다.

그분을 믿는 자들은 위대하지 않다. 예수님이 위대하시다. 설교자가 위대한 것이 아니다. 예수님의 말씀이 위대하다. 선교사가 아니라 그가 전하는 주님의 이름이 위대하다. 은사자가 아니라 그에게 은사를 주신 분이 위대하시다. 매사에, 언제나, 어디서나 그렇다. 자기 아들을 아끼지 아니하시고 우리 모든 사람을 위하

무서워마라

여 내주신 이가 어찌 그 아들과 함께 모든 것을 우리에게 주시지 아니하겠느냐 롬 8:32

죽음을. 깨는. 코드.

어렸을 적에 시골 담배밭에서 외삼촌이 노래했다.
"인천 앞바다에 사이다가 떠도 컵이 없으면 못 먹는다오."
바닷물이 다 음료라고 해도 그릇이 없으면 못 마신다는 이 노래는 내 추억에 다르게 울린다.
"세상에 주님의 능력이 가득해도 믿음이 없으면 쓸 수 없어요."
죄의 결과 사망이 왔고, 그것은 모든 두려움의 주인이 되었다. 그러나 죽음을 깨는 코드가 믿음에 있다. 우리는 믿음으로 예수님과 함께 죄에 대해 죽고 의에 대해 살게 되었다. 믿을 때 예수님이 우리의 모든 것이고, 모든 것의 모든 것이 되셨다. 죽음도 이기셨다. 우리도 믿음으로 죽음을 이겼다.
그분이 과거의 한 시점에서만 구원자이실 뿐이라고 믿는 것은 심각한 이단사상이다. 그러나 우리가 믿지 않을 때 그런 사고의 오류를 쉽게 범한다. 어제의 믿음으로 오늘을 사는 것이 아니다. 어제는 어제의 믿음으로 살았고, 오늘은 오늘의 믿음으로 살고, 내일은 내일의 믿음으로 살아가야 한다. 오늘도, 내일도 믿음으로 싸워야 한다.
전쟁터의 싸움이 각각의 고유한 승리를 요구하듯 어제의 승리도 오늘의 영전靈戰에서는 무효다. 어제 믿음으로 이겼으니, 오늘은 더욱 믿어야 한다. 어제의 승리는 어제의 것이고, 오늘은 오늘의 믿음으로 또 싸워야 한다.

그 믿음은 예수님을 향한다. 죄와 사망권세를 이기신 예수님은 어제처럼 오늘도 구원자이심을 믿어야 한다. 영접 기도할 때만 쓰라고 있는 믿음이 아니다. 어제 물에서 건짐 받았으니 오늘은 불에서도 건지시리라는 믿음이어야 한다. 하늘에서 이루셨으니 땅에서도 이루실 것임을 믿어야 한다. 전투는 선임하사의 무용담으로 진행되는 것이 아니다.

믿음도 그렇다. '예수님이 나의 구원자'라는 현재진행형의 믿음으로 매순간 두려움을 깨야 한다. 예수님의 구원의 능력을 내 삶에 가져오는 것은 믿음이다. 두렵다는 것은 믿음이 적다는 뜻이다. 여기 성경의 모범이 있다. 예수께서 즉시 손을 내밀어 그를 붙잡으시며 이르시되 믿음이 작은 자여 왜 의심하였느냐 하시고 마 14:31

오병이어. 사건. 직후.

오병이어 사건 직후였다. 예수님이 축사하시고 나눠주시자 여자와 어린이 외에도 5천 명이 넘는 인파가 고작 유치원생의 도시락 하나로 함께 먹고도 음식이 남았다. 예수님은 하나님이셨다. 증인이 한둘이 아니었다. 그 중에 베드로도 있었다.

얼마나 굉장한 장면이었는지 군중은 즉시 예수님을 왕 삼으려

무서워마라

고 소동했다(요 6:15). 공짜 도시락의 위력이었다. 밥 문제를 해결해주었더니 정치판에 당장 초대되었다. 신당 결성 직전이었다. 그러나 예수님은 거기서 빠져나오셨다. 그분에게는 인기나 왕이 되는 것이나 5천 명의 잠정적 당원들이 생기는 것보다 훨씬 더 중요한 일이 있으셨다.

그것은 혼자 하시는 철야 산기도였다. 제자들은 예수님보다 앞서 무리를 떠났다. 그분이 재촉해주신 덕분이었다. 아마도 그 자리에 계속 남아 있었다면 제자들 역시 군중심리에 많이 동요되어 예수님을 정치가로 몰고 갔을지도 모른다. 예수님이 기도를 중단하고 내려오셨던 시각은 새벽 3시에서 6시 사이, 가장 어두울 때였다.

제자들은 그때까지도 배 위에 있었다. 풍랑을 만나 바다에 갇혀 있었다. 파도는 컸고, 배는 심각하게 흔들렸고, 제자들은 무서웠다. 쪽배로 건너다 만난 대해의 풍랑이었다. 예수님은 기도를 중단하시고 제자들을 향해 걸어가셨다. 흔들리는 두려움의 바다 위를 마른 땅처럼 걸어가셨다. 그러자 제자들이 외쳤다. 제자들이 그가 바다 위로 걸어오심을 보고 놀라 유령이라 하며 무서워하여 소리 지르거늘 마 14:26

자라 보고 놀란 가슴, 솥뚜껑 보고 놀란다더니, 풍랑 보고 놀란 가슴, 예수님 보고도 놀랐다. 그분이 기도를 중단하시고 물 위를 걸어 직진하셨던 이유는 맥락상 제자들을 풍랑에서 건지시기 위함이었다. 그러나 그들은 믿음의 눈이 없어서 예수님을 알아보지도 못했다. 믿었다면 풍랑의 상황에서도 그분이 구하러 오실 것이라고 기대했을 것이다.

만약 제자들이 구원에 대한 믿음으로 눈앞에 걸어오시는 그 희미한 밤의 형체를 보았다면, 예수님이 예수님으로 보였을 것이다. 믿었다면 자라는 자라로, 솥뚜껑은 솥뚜껑으로 보였을 것이다. 10장에서 언급했듯이 실체를 파악해서 무서웠던 것이 아니다. 오히려 무서움의 선재가 객관을 흐리게 했다.

불신은 구원자를 유령으로 둔갑시켰다. 오병이어로 남자만 5천 명을 실컷 먹이셨던 왕 중의 왕이신 분이 유령으로 보였다. 두려움의 역사가 있었던 그 밤은 오병이어 사건 직후였다.

안심하라.

"아니, 왜 놀라고 그래? 실컷 구하러 왔더니만."

만약 사역의 현장에서 내게 비슷한 일이 있었다면 이렇게 말했을 것이다. 그러나 예수님은 오히려 그들을 안심시키신다. 예수님이 놀라게 하신 것이 아니다. 제자들이 놀랐다. 그럼에도 그분이 직접 제자들을 안심시키신다. 두려움의 풍랑을 잠재우는 한 문장이었다. 예수께서 즉시 이르시되 안심하라 나니 두려워하지 말라 마 14:27

나는 저 "즉시"가 너무 좋다. 두려워할 틈을 주지 않는 위로

무서워마라

다. 그분은 즉시 말씀하셨다. 무서워하는 마음을 급히 끊어주셨다. 예수님은 제자들이 두려워하는 것을 잠시라도 가만히 놔둘 수 없으셨다. 쫓아주셨다. 자는 아이의 잠자리에 모기 쫓듯 하셨다. 우리가 즉시 안심하기를 원하셨다.

예수님은 우리가 두려움에 갇혀 예수님께 나아가지 못할 때도 즉시 평안의 소식을 들고 오신다. 두려움을 쫓으러 바로 찾아와 주신다. '그분이 언제 어디서나 내 구원자'라는 사실을 내가 믿지 못할 때 찾아오신다. 예수님께로 흘러갈 수 없는 파도를 밟고 그분이 먼저 우리에게로 걸어오신다. 두려움의 바다가 그분의 발아래 있음을 보여주며 다가오신다.

세상의 풍랑 한가운데 갇혀 오가지 못하며 시간만 허비하고 있을 때 구원자가 그 물결을 딛고 다가오신다. 그분은 불과 몇 시간 전에 배고픔에서 우릴 구원하셨던 분이고, 땅에서도 구원하셨던 분이라 바다에서도 틀림없이 구원해주실 것이다. 믿으면 그분을 볼 수 있다. 예수님을 구원자로 믿고 안심하라.

오라.

이윽고 베드로는 예수님을 확인했다. 그리고 "나를 명하사 물 위로 오라 하소서"(마 14:28)라고 요청했다. 베드로에게는 예수님이 하나님이시라는 믿음이 있었다. 믿음이 작은 자가 아니었다. 그분의 말 한마디라면 자신도 물 위를 걷게 됨을 믿었다. 위대한 믿음이었다.

이런 믿음은 위대한 말씀에서 나왔다. 하나님의 말씀이 위대했고 베드로는 그것을 믿었을 뿐이었다. 아마 그는 이전의 경험을 떠올렸던 것 같다. 이전에도 폭풍우의 바다에서 죽다 살았던 것 말이다(마 8:25).

그때도 예수님께 요청했더니 살았다. 그분은 한마디 말씀으로 바다를 잠잠케 하셨다. 심지어 바람과 바다를 꾸짖으셨다(마 8:26). 이번에는 그때보다 약한 파도다. 게다가 예수님이 배 안에서 주무시는 것도 아니고 눈앞에서 물 위를 가로질러 오셨다. 구원자가 오셨다.

이전에 이미 예수님이 일렁이는 두려움을 잠재우신 것을 직접 몸으로 경험했던 베드로였다. 큰 믿음의 소유자였다. 그 믿음에 응답하신 예수님이 베드로의 요청에 응답해주셨다. 오라 마 14:29

말씀이 있고 나서 베드로는 믿음으로 배에서 파도 위로 한 걸음을 내디뎠다. 빠지지 않았다. 그리고 두 번째 걸음이 수면에 닿았다. 빠지지 않았다. 너무 흥분되고 신나는 시간이었다. 믿음의 요청이 말씀의 능력 가운데 행위의 걸음으로 실행되는 순간이었다. 물 위를 걸었다. 믿음으로 바다를 이겼다. 구원자는 그에게로 걸었고, 그는 구원자에게로 걸었다.

"오라" 하신 예수님이 베드로의 눈앞에 계셨다. 나 여호와가 말하노라 너희는 나의 증인, 나의 종으로 택함을 입었나니 이는 너희가

무서워마라

나를 알고 믿으며 내가 그인 줄 깨닫게 하려 함이라 나의 전에 지음을 받은 신이 없었느니라 나의 후에도 없으리라 나 곧 나는 여호와라 나 외에 구원자가 없느니라 내가 알려 주었으며 구원하였으며 보였고 너희 중에 다른 신이 없었나니 그러므로 너희는 나의 증인이요 나는 하나님이니라 여호와의 말씀이니라 사 43:10-12

바람을. 보고.

두려움의 바다가 믿음의 걸음 아래 정복되었다. 처음에는 예수님이 구원자로 보이기는커녕 유령으로까지 보였지만, 이제는 구원 받아야 할 환경조차 보이지 않을 정도로 예수님만 보이기 시작했다. 사형 직전의 한 간음한 여인에게 예수님이 유대인이 아닌 구원자로 보였고, 남편도 사연도 많았던 수가성 여인의 눈에 예수님이 남자가 아니라 메시아로 보였던 것처럼 이제 베드로의 눈에도 예수님뿐이었다. 그분과 베드로 사이에는 아직까지 아무도 없었다.

그러나 믿음은 각각의 싸움을 경험해야 했다. 기적의 걸음에도 다음 믿음이 또 필요했다. 믿었으니 또 믿어야 했다. 승리 이후에 몰아치는 더 큰 두려움이 바람을 타고 불어왔다. 그때 믿음의 사람 베드로는 다시 물에 빠졌다. 고작 바람 때문이었다. 바람을 보고 무서워 빠져 가는지라 마 14:30

큰 믿음의 소유자가 순식간에 믿음 없는 자로 전락했다. 바람도 잠잠케 하셨던 예수님을 눈앞에 두고도 바람이 무서워졌다. 그분보다 바람이 더 커 보였다. '예수님은 하나님'이시라는 진리가 이전의 경험기억에서 소리쳤다. 풍랑을 꾸짖어 잔잔케 하셨던 하나님이 눈앞에 보였다.

그러나 피부로 스치는 한 올의 한기가 믿음을 불어 꺼뜨렸다. 기복이 너무 컸다. 하늘과 땅 차이였다. 천국과 지옥을 오가는 듯했다. 믿음이 실패했다. 불신이 그렇게 만들었다.

믿음이 바람에 죽자 두려움이 뜨겁게 되살아났다. 다시 구원자를 찾고, 그분을 믿어야 할 때였다. 처음부터 다시 시작해야 했다. 고작 바람 때문에….

나를. 구원하소서.

소리 질러 이르되 주여 나를 구원하소서 하니 마 14:30 두려움의 원인은 구원자의 부재가 아니었다. 그분은 늘 거기 계셨다. 이번에도 가까이에 계셨다. 예수님은 사랑으로 제자들을 추적해오셨다. 두려움을 끝내시며 물 위를 걷게 하셨다. 한번도 멀리 계셨던 적이 없으셨다.

그러나 불신은 현실을 왜곡했다. 구원자를 유령이라 무서워했고, 물 위를 걷게 했던 말씀의 능력을 한줄기 바람으로 산난히 날려버리며 끝까지 믿음을 고수하지 못했다. 믿지 않아서 예수님을 알아보지 못했고, 물에 빠졌다. 무서워하는 것들이 불신의 문을 열고 현실화되었다. 다행히 예수님은 여전히 그 불신의 현장에 동일하게 서계셨다. 떠나지 않으셨다.

베드로는 진즉 믿음으로 배를 떠났다. 그에게는 흔들릴 배가 없었다. 어부도 떨 정도의 풍랑에 자신의 몸이 빠져 있었다. 두려움의 심연으로 끌려들었다. 배와 예수님 사이에 펼쳐진 사지死地였다. 믿음을 잃고 두려움에 빠지자 그에게는 대안이 없었다. 예수님뿐이었다.

거기서 구원자에게 부르짖는 행위는 믿음이라기보다는 본능이었다. 두려움이 부르짖음을 낳았다. 예수님의 특훈 같았다. 살려달라는 외침은 믿음이 아닌 두려움에서 나왔다. 불신의 결과와 공포 앞에 예수님이 단지 서계시기만 해도 베드로에게는 믿음의 길이 열렸다.

믿음이 없어서 두려웠을 때와 달랐다. 이번에는 믿음 때문에 생긴 두려움이었다. 그 안에서 살려달라고 외치는 것은 믿음을 회복하게 해달라는 외침과 같았다.

즉시. 손을. 내밀어.

예수께서 즉시 손을 내밀어 그를 붙잡으시며 이르시되 믿음이 작은 자여 왜 의심하였느냐 하시고 마 14:31 예수님의 질문이 잡설의 핵심을 꿨다. 의심이 두려움의 바다에 빠지게 했다는 것이다.

불신은 두려움을 낳았지만 믿음은 물 위를 걷는 담대함을 낳았다. 새벽의 제자호는 물에 저항함으로써 심연에도 뜰 수 있었고, 베드로는 불신에 저항함으로써 물 위를 걸을 수 있었다. 물 위를 걷던 그 믿음의 사람은 바람에 털려 결국 두려움에 빠져들었지만, 예수님은 거기서도 구원자가 되어주시며 믿음을 키우라고 하셨다.

진리는 우리에게도 동일하다. 믿음이 적은 자, 그것이 우리의 모습이다. 그러나 예수님은 포기하지 않으신다. 그분은 우리가 두려움의 심연으로 끌려 들어가도록 방치하지 않으신다.

믿음과 두려움 사이에서
아슬아슬한 줄타기 중이더라도
실패를 두려워하지 말고 발을 내디뎌라.
빠지면 빠진 자리에서 외쳐라.
비틀거리며 믿음의 걸음을 내딛다가
바람이 두려워 물에 빠지거든
즉시 예수님을 불러라.
살려달라고 외쳐라.
"믿음이 작은 나를 도와주세요. 살려주세요!"
구원의 외침에는 체면이 없으니
간절히 그분을 불러라.

무서워마라

생명에 순응하려면 죽음에 저항해야 한다.

급류를 타려면 그것을 거슬러야 한다.

담대함에 순응하려면

불신과 죄에 저항해야 한다.

bird man

두려움을 이기려면 계속 예수 앞으로 나가고, 다시 나가고 더 나가야 한다. 어제 믿었으니 오늘도 믿어야 하며, 오늘 믿었으니 내일도 믿어야 한다.

두려움 속에서도 계속 예수께 부르짖으며 성장하라. 예수님이 기도하러 한적한 곳에 가셨다가 의도적으로 되돌아오시는 길이었음을 상기하라. 그분이 항상 기도의 자리로 가셨음을 기억하라. 바다 위에서 서성이지 말고 일찌감치 그분과 함께 기도의 자리로 가버려라.

두려워서 폭풍에 빠졌더라도 놀라지 말고 거기서 나와라. 그대는 아직 성장 중이다. 예수님을 보고 또 봐라. 그분이 누구신지 묻고 또 물어라. 계속 성장하라. 믿음을 키워라. 두려움을 기도의 기회로 역이용해 믿음을 키워라. 물에 빠져봤으니 건짐도 받아봐라. 건짐 받았으니 골고다까지도 따라가봐라.

기도와 말씀을 통해 꾸준히 정진하라. 그리스도의 장성한 분량에 이르기까지 성장하라. 우리가 다 하나님의 아들을 믿는 것과 아는 일에 하나가 되어 온전한 사람을 이루어 그리스도의 장성한 분량이 충만한 데까지 이르리니 엡 4:13

그 과정에서 예수님을 높이고 예배하라. 건짐 받은 베드로가 다른 제자들과 함께 배 안에서 예배했음을 보라. 믿음과 두려움 사이에서 그분이 누구신지 조금씩 배워 나가는 동안 인생의 모든

무서워마라

분기점에서 그분을 높여라.

예수님이 하나님이심을 두려움의 현장에서 경험하는 순간순간 말과 행위로 선포하라. 노래하고, 칭송하라. 두려움의 바다 위에서 예수님을 찬양하라. 배에 함께 오르매 바람이 그치는지라 배에 있는 사람들이 예수께 절하며 이르되 진실로 하나님의 아들이로소이다 하더라 마 14:32,33

배를. 떠나는. 용기.

나는 베드로였다. 물에 빠졌던 그 경험은 이후에 내게 많은 용기를 주었다. 실패가 믿음을 키웠다. 얼마나 안전한 배를 만드는가, 얼마나 멋진 모습으로 그 배를 장식하고 꾸미는가 하는 것들은 이제 별로 중요하지 않다.

정말 중요한 것은 '내가 물로 뛰어들 수 있는가?'이다. 예수님이 "오라"고 하실 때, 안전한 배를 떠나 풍랑이 이는 물속으로 뛰어들 수 있는 것. 만약 내게 믿음이 부족해서 물 위를 걸을 수 없게 된다 하더라도 수영이라도 해서 그 "오라"를 내 몸으로 경험해보고 싶다.

수영을 하든지, 물 위를 걷든지, 적어도 나는 배 안에서 "안전히 죽기"를 기다리고 싶지 않다. 배를 꾸미느라 정신이 팔려서 물로 뛰어들 절호의 기회를 놓쳐버리는 어정쩡한 제자가 되고 싶지는 않다.

어차피 둘 중 하나라면 배보다는 풍랑 속으로 뛰어들고 싶다. 한 번의 풍랑을 이겨내면 또 다른 풍랑도 이겨낼지 모른다. 하지만 모든 풍랑을 이겨낸다 하더라도 언젠가 나는 죽는다. 그러니 안전한 배 안에서 죽기를 계획하기보다는 주님의 명령에 순종하다 죽고 싶다.

원리 14
믿지 못해 두려움에 빠질 때도
여전히 거기 예수님이 계심을 믿으라.

PART 4

하나님은 너를 사랑하실 뿐만 아니라,
너를 향한 계획과 목적이 있으셔.
그것은 세상을 정복하고 다스리는 것이지.

하나님의 "형상"이라는 말은
창조주를 대신해서 세상을 통치하는
대리인을 뜻해.

이것은 창세기 시대의 문화를 반영한
표현일 뿐만 아니라
성경의 통일성에 근거해서도 맞는 말이지.

당시의 정복자들은 자신과 닮은 형상,
즉 동상을 통치지역에 세워 놓고
사람들로 하여금 거기에 절하게 했어.

만약 절한다면
그것은 피정복자들이 복종한다는 뜻이고,
절하지 않는다면 불복종을 뜻했지.
한편, 중요 지역들에서는
정복자들이 자기 혈통의 아들들을 보내서
대리 통치를 하게 했어.

자신이 누구인지 알라!

그들은 아버지와 비슷한 형상을 가지고 있었고,
"형상"이라 불렸지.
정복자의 대리인을 뜻하는 말이었어.*

그런데 하나님께서 우리를
자신의 형상으로 창조하셨다고 성경은 말하지.
더군다나 바로 다음 구절에서
인간에게 정복자의 자리를 주셔.

미운 오리 새끼의 기원이 백조였다면,
인간에게 주어진 정체성은 정복자였어.
그것도 창조주의 형상으로 지어져
하늘에 속해 땅을 다스리는 존재였지.

비록 불순종으로 그 자리에서 추락했지만,
하나님께서 자신의 아들 예수 그리스도를 보내셔서(골 1:15)
우리의 지위를 되찾아주셨어(고후 4:14).
예수 안에서 우리는 정복자야(롬 8:29).

그리고 회복된 지위는 예수님의 명령으로 진행되지.
이 명령은 최초 아담에게 주셨던 명령과 같아.
세.계.정.복.

*Robin Routledge, 《Old Testament Theology: A Thematic Approach》, IVP, 140쪽

15: 사자가 되어라

나는. 누구인가.

바람이 두세 번 불고 풍랑이 네댓 번 일더니, 어느새 중년이 되었다. 거기서 지혜가 잉태되었다. 불혹이 되기까지 쌓인 하루하루가 알알이 들어차더니 삶의 원칙들이 섰다.

예수님을 따르며 영적전쟁을 수행해온 매일이 쌓여 10개의 행동명제로 정리된 것이다. 세월이 연마시킨 내 삶의 원칙들은 길갈에 놓인 열두 돌과 같다. 내 자아성찰의 회귀선이다. 이 층샛돌은 땀에 절어 있다.

1. 매일 기도한다.
2. 누구보다도 아내와 딸과 가장 많이 깊은 시간을 보낸다.

3. 매일 1권 이상 독서하고, 1절 이상 성경을 연구한다.
4. 역사 연구를 토대로 과거의 오류를 재현하지 않는다.
5. 기도하고 성경으로 점검하여 확신이 생기면 즉시 시작한다.
6. 언제 어디서나 가장 중요한 것을 선택하고 몰입한다.
7. 선택한 일이 최선이 되도록 만들어가되 잘게 쪼개서 한 번에 하나씩 간다.
8. 성도들을 개별 영혼으로 대하며, 한 성도를 웨이처치와 동일시한다.
9. 성령의 역사를 가로막지 않는다. 고정관념을 경계하며 우물 밖을 생각한다.
10. 영혼의 양식을 내가 먼저 먹는다. 내가 먼저 산 다음에 살린다.

이들이 탄생되기까지 내가 누군지에 대한 질문을 많이 받아왔다. 특히 처음 만나는 사람들이 묻는다. 외부 설교 요청을 받을 때 주로 두 가지 질문을 받는다. 하나는 일정에 대해, 다른 하나는 프로필에 대해 묻는다. 일정이야 달력을 보면 되지만 두 번째 질문은 좀 당황스럽다.

'나는 누구인가'라는 철학적 질문에 몇 개의 문장으로 대답을 보내줘야 한다니…. 10년 가까이 내가 누군지를 여기저기에 보냈다. 프로필을 내 말로 수백 번 적어주다 보니 내가 누군지가 세 가지로 세련洗鍊되었다.

"박규영의 남편, 송예진의 아빠, 웨이처치 대표목사."

앞서 10개의 원칙들은 이 3개의 정체성 정의로부터 나왔다. 이것은 인생의 모든 타인들을 향한 내 인사다. 관계를 시작하려고 건네는 단정한 호의다.

"나는 남편이다. 나는 아빠다. 나는 목사다."

세상에게 내 첫인상이 되기를 바라는 순위별 행동강령이고, 소명을 나타내는 존재정의이며, 목적을 가리키는 삶의 방향성이다. 인생이 한 굽이를 넘을 때마다 이 정체성은 더욱 단련되었고, 앞으로도 몇 번 더 폭우가 지나갈 것이다.

미운. 오리. 새끼.

I will fly to those royal birds.

Hans Christian Andersen, 《The Ugly Duckling》

이것은 정체성에 관한 동화이다. 백조 알 하나가 사고로 오리 알들 사이에 굴러들었다. 그것을 어미 오리가 모르고 품었다. 오리 새끼들이 먼저 알을 부수고 나왔다. 백조 새끼는 늦게 나왔다. 그리고 고생이 시작되었다.

남들보다 뚱뚱하고, 실력도 없고, 매사에 늦었다. 그래서 형제 오리들의 미움을 샀다. 어미 오리도 의아했다. 자기가 백조인 줄 몰랐던 그 새끼는 환경에 주눅이 들어서 공포와 슬픔 가운데 살

무서워마라

았다. 정체성의 혼란 가운데 쓸모없는 하루하루가 느리게 지나가고 있었다.
   그러던 어느 날, 우연히 백조들을 발견했다. 관찰하다 보니 다른 관점이 생겼다.
   '어쩌면 나는 오리가 아닐지도 몰라!'
   그리고 진정한 정체성을 얻어 유유상종하며 해피엔딩으로 끝을 맺는다. 뒤늦게 자기가 누군지를 깨달은 미운 오리 새끼 이야기다.

   모든 우화에는 비유와 교훈이 있다. 미운 오리 새끼는 자기가 누구인지 모르는 인생을 비유한다. 또 자기가 누구인지 알면 행복하다는 교훈이 들어 있다. 백조가 오리 흉내를 내느라 쩔쩔매며 무서워했던 이유가 백조인지 몰라서였던 것처럼 우리 인생도 자기가 누군지를 알면 두렵지 않다.
   미운 오리 새끼가 자신을 몰라서 불행해했듯 성도가 두려워하는 이유는 자기가 정복자인지 모르기 때문이다. 하나님이 자기 형상 곧 하나님의 형상대로 사람을 창조하시되 남자와 여자를 창조하시고 하나님이 그들에게 복을 주시며 하나님이 그들에게 이르시되 생육하고 번성하여 땅에 충만하라, 땅을 정복하라, 바다의 물고기와 하늘의 새와 땅에 움직이는 모든 생물을 다스리라 하시니라 창 1:27,28

큰 힘에는 큰 책임이 따른다. 볼테르

우리의 주인님은 도살장으로 끌려가는 양처럼 사셨다(사 53:7). 우리의 신앙 선배님들은 날마다 죽는 것처럼 살았고(고전 4:9, 15:31), 예수님을 나타내 보이기 위한 밑거름으로 살았으며(요 3:30), 스스로를 아무것도 아닌 것으로 여기며 살았다(고전 3:7, 4:9-13, 7:19).

그런데 나는 왜 그렇게 담대히 살지 못하는가? 이유는 뻔하다. 알면서도 행하지 않고(마 23:3), 반드시 해야 하는 일(요 6:29) 이외의 것들로 바쁘며, 무지한 말들로 진리를 가리며(욥 42:3) 산다.

그 이유도 뻔하다. 매사에 조심스럽다. 행동이 크지 못하다. 특히 기도, 이 기도가 문제다. 기도에 대한 도전을 받고 성경에서 그것을 확인해도, 예를 들어 새벽기도에 갈 경우 낮에 졸릴까 봐 무서워서 행동이 굼뜨다.

나는. 왜. 기도하지. 않는가.

콩 심은 데 콩 나고 제자 심은 데 제자 난다. 제자가 모이면 교회를 낳는다. 그들은 예수님을 따라가는 사람이다. 예수님을 따라간다는 것은 예수님처럼 한다는 뜻이다.

예수님은 어떻게 기도하셨는가? 가장 바쁜 때에도 한적한 시

간인 새벽에(막 1:35-37) 기도의 습관대로(눅 22:39,40) 기도하셨다. 기도에 방해가 되는 상황에서는 그 자리를 억지로 만들어서라도 더욱 기도하셨다(마 14:22,23).

그러나 나는 기도에 있어서조차 예수님을 따르지 않는다. 왜 나는 예수님처럼 기도하지 않는가?

나는 바빠서 기도하지 않는다. 바빠도 밥은 먹는다. 바쁠 때도 교회 수련회는 다녀오고 설교도 한다. 심방은 하며, 화장실에도 꼭 간다. 결국 바쁘다는 것은 내게 기도보다 중요한 일이 늘 있다는 뜻이다.

또 나는 거룩이 싫어서 기도하지 않는다. 기도하면 거룩한 하나님 앞에 나가야 하고, 그러려면 회개해야 하는데 죄성 짙은 자아가 그것을 싫어한다. 나뿐만이 아니라 선배 목사님도 그랬던 것 같다.

기도는 거룩한 일이라서 죄인인 나는 늘 기도하기를 싫어한다.

E. M. 바운즈

게다가 기도하면 하나님과 더 가까워지니까 하지 않는다. 기도하면 하나님과 친밀해지는데, 그러면 하나님 앞에 서서 그분의 말씀을 피할 수가 없다. 내 거짓된 자아는 그것을 늘 싫어한다.

그뿐만이 아니다. 하나님을 의지하기가 싫어서 기도하지 않는다. 기도를 가장 많이 방해하는 것들은 아이러니하게도 성경연구와 교회사역이다.

'기도할 시간에 책 한 권 더 읽고, 성도 한 사람 더 만나고, 칼럼이라도 하나 더 써야지!'

이런 식이다. 결국 내가 직접 하고 싶지, 하나님께 기도로 맡기고 의지하기가 싫다.

내가 기도하지 않는 이유는 또 있다. 능력의 통로로 쓰임 받게 되기 때문이다. 기도하면 하나님을 의지하게 되고, 그러면 능력이 나타난다. 문제는 기도를 통과한 능력은 내 것이 아니라 하나님의 것이라는 점이다. 그 결과로 내가 아니라 하나님이 찬양 받으신다. 내 교만한 자아는 늘 스스로의 영광을 꾀하기 때문에 기도하기를 싫어한다.

하나 더 있다. 기도하면 내 자리가 아니라 성도들의 자리를 만들어주게 되니까 싫다. 기도하면 예수 그리스도의 본성에 전염되고, 그러면 명예의 전당(?)에 내 이름이 아니라 내가 섬기는 사람들의 이름을 올리기 위해 나를 희생하게 된다. 내 이기적인 자아는 그것을 늘 싫어한다.

참담하다.
너무 자세히 밝혔다.
말하고 보니 죄인 중의 괴수가 여기 있다.

무서워마라

기도하지. 않을 때. 생기는. 일들.

기도하지 않는 이유들을 따라가 보면 두려움으로 연결된다. 바빠서 기도하지 않으면 소명의 확신이 떨어지게 되어 우선순위가 망가진다. 사도들은 기도와 말씀에 전무했다(행 6:4). 그것이 가장 중요한 일이기 때문이었다. 만약 우리가 기도와 말씀을 다른 바쁜 일들로 대체하게 되면 시간을 질이 아닌 양으로 다루게 되어버린다.

기도 없는 심방은 더 많은 위기들을 만들어낸다. 기도 없는 연구가 만들어내는 것은 차가운 정죄이다. 기도 없는 일은 문제를 낳아 더 많은 시간을 다시 허비하게 만든다. 그러면 흔히 말하는 탈진burnout이 일어난다. 에너지가 고갈된다. 그때 두려움이 임한다.

기도하지 않으면 거룩과 멀어진다. 기도 없는 사역은 동기가 사라진 행위가 되어 겉으로는 거룩해 보여도 율법주의에 지나지 않는 것들로 전락한다. 기도가 없는 인생은 말이 있어도 능력은 없다. 말뿐인 거룩이 된다. 그때 두려움이 임한다.

기도하지 않으면 하나님과 멀어진다. 그분이 나를 떠나서가 아니라 내 편에서 관계가 소원한 것처럼 경험되기 시작한다. 마치 하나님을 피해서 어딘가에 숨을 수 있을 듯한 거리감을 가져다준다. 기도를 멈추면 심령이 예배와도 멀어지고 모든 거룩한 행위들로부터 이탈하기 시작한다. 그때 두려움이 임한다.

기도하지 않으면 하나님 이외의 것들을 더 의지하게 된다. 기도를 통한 영적 호흡이 없는 곳에서는 숨막혀 하는 영혼의 발악이 세상의 지푸라기들로 향하게 된다. 그러나 기도로 모든 것을 구해서 최선의 것을 얻게 되는 특권을 저버린 이상, 어떤 것을 의지해도 허망할 뿐이다. 그때 두려움이 임한다.

기도하지 않으면 끊임없이 자기를 높이게 된다. 기도를 등한시하는 성도는 반드시 '나'를 반복하기 시작한다. 기도의 자리에서 하나님의 관점으로 세상을 보는 연습을 하지 않는 한 시야는 말할 수 없이 좁아진다. 기도가 사라진 심령은 언제나 자기밖에 모르는 영적 어린아이가 된다. 그때 두려움이 임한다.

기도하지 않으면 하나님이 아닌 자기를 나타내게 된다. 성령의 사람들이 기도를 통해 그분과 대화하지 않으면 독자적인 행동을 취하기 시작하게 된다. 문제는 그 대부분이 자아의 세속적 욕구를 반영한다는 것이다. 그때 두려움이 임한다.

기도를 떠난 성령의 사람은 영안을 잃고 삼손처럼 세상의 굴레에서 쳇바퀴를 돌리다 비참하게 복수를 외치게 된다(삿 16:21-28). 기도가 없을 때는 예수 그리스도가 아닌 자신의 이름을 외친다. 그때 두려움이 임한다. 기도하지 않으면 두려움이 임한다.

무서운. 사람들.

나는 하나님이 정말 무섭다. 하지만 사람은 별로 무섭지 않다. 다만 나를 위해 깊이 기도해주시는 두 분은 무섭다. 종종 내가 기도를 쉴 때면 두 군데서 전화가 걸려온다. 어김없다.

한 분은 어머니다. 기도를 쉬거나 띄엄띄엄 하고 있을 때 어머니는 갑자기 존대하며 나를 어려워하신다.

"송 목사님! 요즘 기도가 잘 안 되네요. 무슨 일이 있나요?"

그러면 가슴이 철렁한다. 기도하지 않고 있음을 들키는 순간이다. 슬그머니 하나님 이외의 것들을 의지하기 시작하다가도 휴대폰에 어머니의 번호가 뜨는 순간, 모든 것을 포기하고 다시 기도하러 돌아갈 때가 되었음을 직감한다.

또 한 분은 울산에 계신 강 권사님이다. 나와 하나님 사이의 매일 3시간 정시 대화의 약속을 멀리서 영안으로 지켜보는 분이다. 그것을 본인의 기도처에서 점검할 수 있는 분이다. 내게 묻지 않아도 400킬로미터를 기도로 넘나들며 상황을 알고 계신다. 어머니 외에는 유일하게 기도의 영으로 소통하며 나를 사랑으로 훈계하시는 분이다. 매일 2시간씩 날 위해 기도해주시는 무시무시한 분이다.

내가 정시 기도를 쉴 때면 전화벨이 울린다.

"송 목사님! 정시 기도를 퐁당퐁당 빼먹고 하시면 안 됩니다."

그러면 정신이 번쩍 난다. 슬그머니 게을러지다가도 다시 진정한 부지런함으로 급히 돌아가게 해주시는 분이다.

하나님은 내가 골방에서 도망하지 못하도록 기도의 삼겹줄을 세워주셨다. 이 두 분은 내 생명의 은인들이다. 쉬지 않고 기도하도록 코칭하시는 영적 대선배님들이다. 항상 겸손히 하나님 앞에 엎드리도록 도와주신다. 무시무시한 기도의 용사들을 두 분이나 보내셔서 매일 풍성한 은혜를 내 무릎 위로 쏟아 부어주신다. 축복 중의 축복이고, 최고의 선물이다.

히브리. 소년.

하나님은 사무엘하 7장에서 다윗과 이런 약속을 하셨다. 그기 만일 죄를 범하면 내기 사람의 매와 인생의 채찍으로 징계하려니와 삼하 7:14 이스라엘의 왕들이 하나님을 경외하지 않는다면 사람들을 통해 그들을 치겠다고 하셨다.

불행히도 왕들은 불순종의 길로 걸어갔다. 약속은 이행되었다. 하나님은 이스라엘의 불순종에 대해 징계하셨다. 나라가 북이스라엘과 남유다로 두 조각이 났다. 뿐만 아니라 북이스라엘은 앗수르로 남유다는 바벨론으로 팔려가게 되었다.

그때 남유다의 한 소년도 함께 끌려갔다. 그는 명문가의 자녀였고(단 1:3), 흠이 없고, 잘생기고, 탁월한 지혜와 지식을 가졌으며, 학문에 익숙해서 왕의 참모가 될 만했다(단 1:4). 그는 최고중의 최고이며 수재였다.

소년 다니엘은 가족과 강제로 떨어졌다. 자의가 아니었다. 그는 알아들을 수 없는 외국어로 대화하는 군인들에 의해 강제로 끌려갔다. 동쪽으로 사막을 가로지르고 강과 산을 건넜다. 오랜 여행 끝에 도착한 곳은 말로만 듣던 우상들의 나라였다. 소년은 하나님을 믿지 않는 나라에 강제로 끌려왔다.

그곳은 므로닥과 아스다롯의 나라였다. 해몽가들이 지혜자로 불리며 별들의 움직임으로 미래와 귀신들의 역사를 점치는 이상한 나라였다. 창조주가 아닌 피조물을 경배하며 인간을 신으로 숭배했다. 다니엘은 나라를 잃었고, 무기를 든 외국인들에 의해 강제로 끌려왔다.

바벨론은 입구에서부터 정복자의 위용을 드러냈다. 각종 보석과 찬란한 비단으로 치장된 개선문은 하늘에 닿았고, 성벽 꼭대기에는 가로로 4차선이나 되는 병거 통로가 진행되어 도시 전체에 둘러 있었다.

수로는 얼마나 깊고 넓고 반짝이는지 하나의 예술품이자 난공불락의 성이었다. 아름답던 개선문 근처 수로에서는 벗은 여자들이 목욕을 하고 있었다. 곧 추수 때라 밀랏타 여신의 신전에서 집단 혼음을 통해 제사를 드리게 될 유부녀들이었다. 그들은 보석 같은 수로에서 뽀얀 가슴을 내놓은 채 훤칠한 히브리 소년 포로들에게 눈길을 흘렸다.

바벨론의 입구는 크고 붉었다. 소년 다니엘은 어디로 끌려가서 무엇을 하게 될지 알 길이 없었다. 문득 전쟁 전에 아빠와 추수를 마치고 돌아가던 길의 붉은 하늘이 떠올랐다. 해가 지고 있었다. 엄마의 떡 굽는 냄새를 한 번 더 맡고 싶은 마음에 숨을 크게 들이켰다. 자의가 아니었다.

사자굴의. 기도자.

바벨론의 개선문을 포로로 끌려 지나간 후, 65년 가까이 세월이 더 흘렀다. 시간은 바위도 뚫고 산도 깎아냈다. 많은 일들이 있었다. 세 번의 굵직한 두려움들도 있었다. 살길과 죽을 길이 나뉘어 있었다. 그러나 한 번도 살길을 찾지 않았다. 삶과 죽음의 경계에서 다니엘은 조심스러운 줄타기를 하지 않았다.

오히려 죽을 길로 순순히 걸어들었다. 굽어가거나 떨며 가지도 않았다. 직진해서 공포를 독대했다. 아스부나스와 느부갓네살과 다리오 앞에서 그는 한결같이 죽음을 초월해 하나님께 나아갔다. 그는 무서움이 없는 사람이었다.

신앙을 지키기 위해 왕의 음식을 거절하며 환관장에게 홀로 직설했다(단 1:8-16). 죽이려 들이닥친 근위대장 아리옥의 시퍼런 칼날 앞에서도 친구들과 기도하며 왕 앞으로 홀로 직진했다(단 2:1-24). 기도하면 죽는다는 것을 알면서도 예루살렘을 향해 창문을 열고 하루 세 번 기도함으로써 굶주린 사자들에게 홀로 던

무서워마라

져졌다(단 6:10,16). 다니엘은 직진자였다. 죽음의 격전장에 선 용사였다. 그는 기도꾼이었다.

다니엘은 끌려올 때 이미 뜻을 정했다(단 1:8). 자기 몸을 우상으로 더럽히지 않기로. 그는 두 마음을 품지 않고(호 10:2), 하루 세 번 기도하며 하나님을 경외하는 인생을 살기로 결정한 사람이었다(단 6:10).

바벨론의 개선문을 통과할 때 이미 자아에 대해 죽은 인생이었다. 시온 출신의 소년에게 바벨론은 타국이며 여행지에 지나지 않았다. 그러나 소망이 없던 객이며, 돌아갈 고향 땅이 없는 노예였다.

나그네의 소망은 고향이다. 그러나 소년 다니엘의 고향은 히브리에 없었다. 다만 유다 땅은 그의 영혼 안에 존재하고 있었다. 지리적 고향은 물리적으로 파괴되었지만 마음의 고향 땅은 남아 있었다. 마음에 들어찬 고향 땅은 바벨론에서 치외법권이었다. 아빠의 땀과 엄마의 젖이 스민 고향 땅은 더 이상 세상에 있는 것이 아니었다. 그것은 이제 다니엘의 마음으로 옮겨온 땅이었다.

그 나라는 몸의 장막 안에 이루어진 마음 지성소와 같았다. 남유다는 소년 다니엘의 존재 안에서 그와 함께 걸었다. 다니엘의 마음이 가는 곳이, 그의 몸이 거하는 곳이 하나님의 나라였다.

바벨론에 발을 딛고 살아도 가슴에 품은 고향에는 부모님의 하나님이 계셨다. 보이지 않는 나라이자 영혼에 새겨진 고향이었다. 믿음으로 거할 수 있는 나라였다.

마음에 남유다가 존재하는 한 하나님의 나라는 그가 품고 걸으며 먹고 마시는 실존이었다. 몸으로 사는 실재, 마음에 새긴 고향 유다.

바벨론에 끌려온 다니엘에게는 생기가 있었다. 그것은 남유다가 멸망당하고 나서 얻은 신앙의 새 호흡이었다. 죽고 얻은 생명이었다. 타의로 끌려온 나라 바벨론에서 살아갈 이유는 고향의 정체성을 그 마음에 유지하는 데 있었다.

삶은 논리적으로 죽음과 맞닿는다. 살아야 할 이유는 죽음의 자리를 결정했다. 죽음을 결정하지 않은 삶에는 목적이 없다. 다니엘의 목적은 처음부터 고향에 있었다. 그는 알고 있었다. 기도하면 죽는다는 것을. 그러나 기도하다 죽어야 했다. 하루 세 번 위층에서 창문을 열어놓고 기도하기는 마음에 품은 본향에서 사는 죽음의 길이었다.

하나님을 경외하는 나라를 마음에 품고 사자굴에 끌려가 맹수들의 잇새에서 갈리는 것이 고향을 몸으로 사는 방도였다. 그것이 바로 삶이 정한 죽음의 길이었다.

기도 골방이 그의 고향이었고, 그의 목적이자, 무덤이었다. 전

무서워마라

운戰雲과 생이별도 어쩌지 못하는 고향은 거룩한 나라로 불렸던 유대 땅이었고, 몸이 가는 곳마다 그 땅이 살아나는 방식은 거룩한 죽음이었다.

사지死地는 사자굴이 아니라 오히려 기도의 현장이었다. 죽을 자리가 살 자리였다. 다니엘은 사자굴에서 죽을 사람이 아니었다. 기도의 자리에서 이미 죽었다. 다니엘은 매일 세 번씩 이미 죽었고, 그때마다 거룩한 나라로 다시 살았다.

그는 기도의 자리를 통해 65년이 넘도록 여전히 고향에 살고 있었다. 다니엘은 이번에도 고향으로 걸어 들어가며 본토의 언어로 소리쳤다.

"야훼 멜레크!여호와 나의 왕이시여!"

기도 소리가 외국에서 울렸다. 본향의 소리는 창이 넓었던 기도방 아래로, 거리로, 그리고 간신들의 귀에도 번져나갔다. 신들의 나라인 바벨론은 다니엘이 품고 온 거룩한 나라에 대한 살기로 땅이 붉었고, 해가 넘어가던 서쪽에서는 유다가 시온처럼 붉게 반짝였다. 다니엘이 이 조서에 왕의 도장이 찍힌 것을 알고도 자기 집에 돌아가서는 윗방에 올라가 예루살렘으로 향한 창문을 열고 전에 하던 대로 하루 세 번씩 무릎을 꿇고 기도하며 그의 하나님께 감사하였더라 단 6:10

의인은. 사자와 같이. 담대하다.

시험에 들지 않게 깨어 기도하라 마 26:41 의인은 믿음으로 말미암아 산다. 하지만 죽지 않고도 걸을 수 있는 믿음의 길은 없다. 자기부인의 길이 믿음의 길이다. 자기 십자가를 지는 길이 믿음의 길이다.

고난 없는 영광은 가짜다. 죽음 없는 부활은 거짓이다. 예수님을 따라가야 천국의 상속자가 된다. 우리의 예수님은 새벽에도, 바쁜 중에도, 억지로라도, 습관을 가지고 기도하셨던 분이다. 하나님을 경외했던 사람들도 늘 기도했다. 다니엘은 사자굴에 던져질 줄 알고도 기도할 정도였다. 의인은 기도했다.

성도는 지상에서 나그네이다. 그들은 보이지 않는 나라를 가슴에 품고 영혼으로 외치며 매번 몸으로 고향을 살아내는 사람들이다. 신상에 절하는 타협을 내치며 기도의 자리에서 고향 땅을 살아라. 세상에 사는 기도꾼의 숙명은 사자굴에 던져지는 것이니 아예 살길을 찾지 마라.

성전을 향해 위층 창문을 활짝 열어놓고 하루 세 번씩 기도의 자리에서 죽음을 선포하라. 고난과 골고다가 약속된 자리에서 담대하려면 기도의 자리에서 먼저 죽어야 하니 뜻을 정하라. 타협하며 바벨론을 살면 매사에 두렵다. 그러나 마음에 품은 고향을 위해 바벨론에서 기도하다 죽기로 뜻을 세우면 담대해진다.

기도꾼은 용맹하다. 그들은 자아에 대해 죽고 자기 십자가를 지는 결정을 골방에서 먼저 진행한다. 골방 고향으로 들어가라. 사지에서 사기를 드높여라. 죽음의 그림자들 앞에서 무서워하지 말고, 천국의 그림자를 찾아 기도의 방석을 펼쳐라. 세상의 모든 바벨론 앞에서 기도의 뜻을 정하고 의미 없는 죽음으로부터 몸을 지켜라.

사자를 무서워하지 말고 사자가 되라.
의인은 사자와 같이 담대하다(잠 28:1).
두려움이 없는 인생은 사자와 같다.
그는 적수가 없는 밀림의 정복자이다.
아무 데서나 하품을 하는 왕이다.

사자는 잘 잔다.
사자는 내일 일을 염려하지 않는다.
의인도 그렇다.
그들은 기도골방에서 사자후를 발한다.
그래서 세상에서 하품한다.

의인은 환관장 앞이든, 왕 앞이든
굶주린 맹수 앞이든 주눅 들지 않고
오히려 느긋하게 죽음을 선택할 수 있는 기도꾼이다.

무서워마라

내일 일을 기도로 주께 맡겨라. 불안이 없고 염려가 없는 천국을 기도를 통해 짙게 경험하라. 세상을 두려워하는 간신이 되어 왕의 조서를 들고 골방 앞을 기웃거리지 마라. 오히려 기도의 자리를 통해 하늘나라를 몸으로 살며 세상을 통치하라. 죽음이 결정된 삶을 살아라.

예수님은 죽기 위해 오셨다. 그분은 늘 기도하셨다. 하나님이신 분이 그러셨다면 우리 같은 죄인들은 더욱 기도해야 한다. 의인은 예수님을 믿는 사람이다. 성도의 기도도 의인의 기도이다 (약 5:16).

성도는 예수님의 이름으로 기도하며 예수님의 이름으로 응답을 받는다. 그분을 따를 때 칭의를 얻는다. 의인 뒤에 믿음의 줄을 서면 하나님께 의인 취급을 받는다. 예수님을 따라가라. 그분을 따라 기도하라. 그분이 우리에게 기도를 명령하셨음을 기억하며 기도의 자리에서 하늘을 살아라. 그러므로 너희는 이렇게 기도하라 마 6:9

원리 15
정시기도의 현장이 있는 기도꾼이 되라.

16 : 죽음을 초월한 존재

담대함의. 기록들.

역사를 딛고 서면 맨땅에 헤딩할 필요가 없어진다. 우리에게는 수천 년의 기독교 역사가 있다. 그 안에는 구름과 같이 허다한 증인들이 있다. 선진들이 진행해온 믿음의 역사(히 11:2)는 담대함의 기록이다. 이 사람들은 다 믿음을 따라 죽었으며 약속을 받지 못하였으되 그것들을 멀리서 보고 환영하며 또 땅에서는 외국인과 나그네임을 증언하였으니 그들이 이같이 말하는 것은 자기들이 본향 찾는 자임을 나타냄이라 히 11:13,14

그들의 싸움은 지지부진한 장기전이 아니었다. 오히려 졸속拙速했다. 그러나 허허실실 싸워도 이겼다. 다니엘도 그 중의 하나다. 두려움 앞에서 바보스럽게 죽음의 최단거리로 걸어들었다. 싸움

무서워마라

의 기술은 한결같았다.

바벨론에서 뜻을 정했던 소년도 어설펐고, 지혜와 업무에서 나라 최고의 명망을 쌓은 노인도 어설펐다. 결단은 매번 쉽고 빨랐다. 살길을 찾아 명민하게 결정의 때를 늦추지 않았다. 오히려 미련하게 사자굴로 직진했다. 끝이 정해진 사람이었다. 왕의 조서에 어인이 찍힌 줄 알고도 어설프게 기도의 자리로 직진했던 단기속결短期速決이었다.

그는 삶과 죽음을 가르는 중대한 결정들에 대해 미적거리거나 미루지 않았다. 죽기로 작정하고 시작된 바벨론의 하루하루에서는 살길을 찾는 타협이 없었다. 두리번거림이 없고, 목적이 있어 낭비가 없는 인생이었다. 빛을 모아 나뭇잎을 태우듯 초점이 하나님의 나라에 있어 세상을 태우고 죄를 소멸하는 인생이었다. 그는 담대한 인생을 살았다. 사자굴에 던져졌으나 그가 사자 같았다.

사자굴에서 살아나온 기도의 사자는 두려움의 소비자가 아닌 생산자였다. 살길을 찾던 간신들은 기도의 사자 앞에서 사자밥이 되었다. 기도꾼 앞에서는 밤새 꼼짝 못했던 사자들이 간신들을 만나자 그들의 뼈까지도 씹어 먹었다. 포식이었다.

영원한 나라에. 초점을. 맞출. 때.

다니엘은 어린 시절에 이미 고향을 잃었다. 단순히 자기 집을 떠난 여행객이 아니라 나라를 잃은 소년이 되어버렸다. 남유다가 파괴되고 없어져버린 상황에서도 그는 바벨론에 동화되지 않기로 처음 끌려갈 때부터 결정했다. 물론 몸은 타의로 끌려갔다. 하지만 그는 하나님의 은혜 가운데 자의로 마음을 지켰다.

시험을 미리 준비하지 못한 학생은 시험이 무섭다. 인생도 그렇다. 미리 결정해야 현장에서 두려움이 없다. 다니엘은 중요한 가치를 미리 준비했다. 그것은 하나님의 나라를 품고 사는 것이었다. 다니엘에게는 생명보다 높은 가치가 있었다. 그것은 하나님의 나라였다. 그는 죽음을 초월해서 마음에 그 나라를 품고 지냈다.

다니엘 9장의 기록에 의하면 그는 구약을 곁에 두고 늘 읽었다. 성경을 알고 있었다. 구약에서 하나님의 임재는 하나님의 백성들 사이에 있었다. 성경을 통해 돌이켜보면 출애굽 백성들은 지성소를 들고 다녔다. 하나님은 한 장소에 갇혀 계신 분이 아니셨다. 그분은 백성들을 따라 함께 이동하며 거하셨다. 하나님의 통치가 있고, 그에 순종하는 백성들이 있는 곳이 어디나 하나님의 나라였다. 다니엘은 그것을 성경을 통해 알고 있었다.

그는 성경에 근거해 바벨론에서도 하나님나라의 제사장이었다. 최고의 가치가 하나님나라에 있었다. 이러한 가치 우선순위는 문제를 피하는 길이 아니었다. 오히려 문제를 일으키는 길이었다. 바벨론에는 우상숭배가 가득했기 때문이었다.

다니엘은 세상에서 뜻을 정했다. 가장 위대한 가치를 정했다. 그것은 영원한 나라였고, 백 년도 못 살 인생에 감히 비할 바가 못 되었다. 다니엘은 죽음보다 크고 생명보다 위대한 나라, 하나님의 나라를 섬기기로 결정했다. 그는 바벨론에 사는 천국백성이었다. 몸 바깥에 있는 나라가 아니라 마음에 있는 나라를 살았다. 파괴된 지성소는 다니엘의 마음에 재건되어 있었다.

그런 다니엘에게는 바벨론의 더러운 음식들을 먹는 서러움 따위는 있을 수 없었다. 그는 마음에 품은 나라에서 제공하는 음식과 음료를 먹고 마셨다.

우리도 다니엘과 별반 다르지 않다. 마음에 하나님의 나라를 최고의 가치로 품고 바벨론 같은 세상을 살아가는 사람이 바로 성도다. 지성소를 마음에 품고 다니며 바벨론이 아닌 하나님의 나라를 살아가는 성도들이다. 하나님나라를 먼저 구하기로 이미 가치 우선순위에 대한 결정을 마친 사람들이다.

돌이켜보면 하나님의 임재가 있는 곳은 구약에서 '지성소'라고 불렸다. 이제는 그곳이 예수 그리스도를 통해 우리의 마음에 이루어졌다. 성령님의 임재로 교회의 시대가 열렸다. 오늘날의 지성소는 성도가 있는 곳에 있다. 성도가 없는 곳에는 하나님의 나라도 없다. 이것이 진실이다.

회개하고 예수님의 이름으로 세례를 받으면 성령을 선물로 받는다(행 2:38). 우리의 몸은 예수 안에서 성령의 전이 되었다(고전 3:16). 이것은 취소 불가능한 하나님의 은혜다(롬 11:29). 우리도 이미 뜻을 정한 사람들이다.

우리는 객짓밥 한술 더 뜨려고 눈치 보는 뜨내기들이 아니다. 천국을 품고 살며 세상을 정복해 나가기로 작정한 하나님나라 백성들이다. 영원한 가치가 있는 나라에 헌신한 제사장들이다. 보냄 받은 자들이자 제자들이며 사도들이다.

하나님의 나라에 최대의 가치를 두고 사는 사람들, 뜻을 정한 사람들, 마음에 품은 지성소를 지키는 사람들, 두려움이 없는 천국의 사람들, 세운 뜻이 죽음에 맞닿아 있는 사람들이다. 교회는 담대하다. 그런즉 너희는 먼저 그의 나라와 그의 의를 구하라 그리하면 이 모든 것을 너희에게 더하시리라 마 6:33

그리스도와. 함께. 죽고 살고.

하나님의 나라는 예수님의 성육신을 통해 성도 안에서도 고난을 통해 체득되며 진행 중이다(골 1:24). 성도들은 지성소를 품고 다니는 이동식 성전이다. 대제사장 예수 그리스도께서 함께 먹고 마시며 동행하시는 한 그들이 교회다(계 3:20). 교회는 성도들의

무서워마라

유기적 연합체이다.

예수님을 영접했을 때 성도는 이미 죄에 대해 죽었다. 그리고 그분의 부활과 연합한 새 몸으로 다시 시작했다(눅 20:36). 죽음을 이기신 분이 성도들의 몸을 통해 지상에서 공생애를 살고 계신다(롬 6:8-11). 성도는 예수와 함께 죄를 이기고 죽음을 초월한 존재다. 예수께서 이르시되 나는 부활이요 생명이니 나를 믿는 자는 죽어도 살겠고 무릇 살아서 나를 믿는 자는 영원히 죽지 아니하리니 이것을 네가 믿느냐 요 11:25,26

기독교인은 죽음을 이기는 어떤 수행을 쌓는 사람이 아니다. 그들의 신앙은 시작과 동시에 죽음을 초월한다.

"우리는 예수로 죽는다. 우리는 예수로 산다."

죽음에 닿은 삶을 사는 것은 믿음의 삶이다. 그것은 내게 능력이 없음을 인정하며 자아를 죽이고 예수님께 초점을 맞추며 사는 것이다. 내게는 전혀 없는 능력이 그리스도께는 한없이 있음을 알고 바라며 사는 것이다. 믿음의 삶은 능력의 삶이다. 마음에 품은 하나님의 나라를 보존하기 위해 세상의 모든 바벨론에서 매일 죽으며 살 때 능력이 있다.

담대함은 죽음에서 나온다. 내가 그리스도와 함께 십자가에 못 박혔나니 그런즉 이제는 내가 사는 것이 아니요 오직 내 안에 그리스도께서 사시는 것이라 이제 내가 육체 가운데 사는 것은 나를 사랑하사 나를 위하여 자기 자신을 버리신 하나님의 아들을 믿는 믿음 안에

서 사는 것이라 갈 2:20

죽음을. 초월한. 존재.

영원한 가치가 있는 하나님의 나라를 품고 사는 존재에게는 죽음도 잔물결에 지나지 않는다. 죽음을 이긴 인생은 살길을 찾아 두리번거리지 않는다. 죽고 사는 문제가 예수 안에서 해결된 인생은 온갖 고난들 앞에서 흔들리지 않는다.

자신보다 거대한 가치에 의해 움직이기로 결정된 사람들은 쉽게 놀라지 않는다. 하나님의 나라를 살기 위해 죽음을 담담히 넘나드는 인생은 담대하다. 거기에는 염려도 없고, 불면도 없다. 세파가 주는 최악의 결과물이 죽음이다. 어떤 고난이라도 죽음을 초월한 인생을 흔들 수가 없다. 성도는 쉽게 요동하지 않는다.

게다가 자기 능력으로 죽고 사는 것이 아니라 예수의 능력에 의존해 있기에 자랑도 없다. 다니엘 때문에 온 나라의 이방인들에게 하나님의 영광이 드러났다. 담대한 성도도 그렇다. 그는 스스로 나타내지 않아도 하나님과 사람들 앞에서 유명해진다. 변화무쌍한 가치 변화에도 흔들리지 않는 배는 모든 난파선들의 등대가 된다. 이같이 너희 빛이 사람 앞에 비치게 하여 마 5:16

성도. VS 사단.

이미 죽은 인생은 더 잃을 것이 없다. 잃을 것 없이 달려드는

무서워마라

싸움꾼은 무섭다. 죽음을 초월한 적군을 적지에서 만나게 되면 둘 중 하나가 죽어야 끝난다. 그런 사람들은 적으로 두지 않는 것이 현명하다. 그러나 여기 현명하지 못한 존재가 있다.

바로 사단이다. 그는 지금 적수를 잘못 만났다. 그는 자신의 패배를 정확히 알고 있다. 하나님께서 여자의 후손을 약속하셨을 때, 그는 이미 끝났다. 예수님이 죽음을 이기셨을 때, 그는 자신의 운명을 재확인했다. 하지만 아직 시간이 조금 더 남아 나름 최선을 다하고 있다.

사단의 최선은 성도를 속임이다. 성도를 죽음의 그림자로 두려워하게 만들어 불신의 길로 계속 걸어가게 하는 것이 그의 전략이다. 이를 수행하기 위해 사단이 속삭이는 거짓말은 성도가 그리스도 안에서 죽었다는 사실을 가리는 것이다. 그 대표적인 검은 안개가 바로 죄의 유혹이다.

예수 그리스도 안에서 죄에 대해 십자가에 함께 못 박혀 죽은 성도에게 사단은 다시 죄를 지을 수 있다고 속삭인다. 혹은 다시 회개할 수 없다고도 말한다. 그러나 진리가 거짓말들을 물리친다. 성경은 사단의 속임수들을 부순다. 말씀이 육신이 되어 우리 가운데 거하시는 예수 그리스도, 그분의 이름이 죄의 유혹과 그 검은 안개를 소멸한다.

성도는 자기 능력을 사용하지 못한다. 죽었기 때문이다. 대신에 사단이 무서워하는 이름, 예수 그리스도 위에 서있다. 믿음 안에서 우리는 예수 그리스도와 연합해서 죄인에서 의인으로 혈통이 바뀌었다. 죄의 종에서 의의 자녀로 가문이 달라졌다. 믿음 안에서 성도는 예수 그리스도와 한 족보가 되었다. 우리는 하나님의 자녀다.

하나님의 자녀들은 자아를 날마다 십자가에 못 박아 버리고 예수 그리스도의 이름으로 다시 산다. 사단은 예수님과 그분의 능력에 기대는 성도들을 무서워한다.

그는 죽음을 초월한 성도를 무서워한다. 십자가에서, 기도의 자리에서 하늘나라를 마음에 품고 세상에 대해 죽는 성도들을 무서워한다. 왜냐면 담대한 성도들은 죽어도 살고, 살아서 예수 그리스도를 더욱 나타내며, 많은 자들을 의로운 데로 돌이오게 하는 삶을 살기 때문이다. 그들의 존재는 사단의 종말에 직접적인 핵이 될 것이기 때문이다. 예수께서 하나님의 아들이심을 믿는 자가 아니면 세상을 이기는 자가 누구냐 요일 5:5

예수 그리스도의 십자가 뒤로 숨어버리는 성도들은 유혹해봐야 소용이 없다. 이미 죽은 자들은 꿈쩍하지 않는다. 오히려 유혹하는 사단과 그 졸개들을 부활의 생명력으로 물리친다.

담대한 성도들은 어디서나 사단의 입지를 좁힌다. 보혈을 의지하는 성도들은 사단에게 두려움의 대상이다. 성도들은 사단에게 위협적이다. 그래서 사단은 성도를 향해 더욱 으르렁댄다.

무서워마라

개는 무서워서 짖는다. 사단도 그렇다. 마귀는 이미 예수 안에서 자아가 죽어버린 성도들을 우는 사자와 같이 위협한다. 이 원리를 아는 성도는 지옥세력을 무서워하지 않는다. 그 반대다. 어둠의 세력이 좀 달려들어도 주춤하지 않고 진리로 승부를 낸다. 죽음의 세력이 죄의 유혹으로 기웃대도 머뭇거리지 않고 믿음으로 즉시 싸워 이긴다. 스스로는 약해서 어설프나 그리스도를 의지함으로 빠르고 강하다. 교회는 담대하다.

세상의. 소금.

다니엘이 남유다 사람의 정체성으로 살 것을 선택한 곳은 바벨론이었다. 세상에서 교회로 살기로 결정했다. 그는 교회 안의 소금이 아니라 세상의 소금이었다. 그가 가는 곳에 하나님의 나라가 있었다. 환관장도 왕들도 다른 신하들도 백성들도 다니엘 때문에 이스라엘의 하나님을 경험했다. 다니엘의 담대한 인생을 보며 세상은 하나님을 찬양하게 되었다(단 6:25-27).

교회에서 소금이 되는 것은 쉽지만 세상에서 소금이 되는 것은 어렵다. 죽음의 길이라서 그렇다. 소금자루와 같은 교회에서 소금끼리 연결되어서 안전히 살고 싶어 하는 욕구는 일반적이다. 하지만 주님의 말씀은 그와 다르다. 오히려 세상의 소금(마 5:13)이라고 성도의 정체성을 명명하셨다. 뿌려지고 흩어져서 녹아 없어지는 것이 소금이 맛을 내는 비결이다.

성도는 죽음의 길로 가는 존재이자 죽음을 초월한 존재다. 우리는 세상의 소금으로 부름 받았다. 죽음의 길로 부름 받은 것이다. 하나님의 나라를 향해 행진하는 동안 죽음이 우리를 가로막아도 돌아가지 말고 지체하지 말라.

FEAR NOT 무서워마라 원리 16
하나님의 나라를 최우선 가치로 놓고 죽음을 초월해서 속전속결하라.

17 : 두려움과 비전 사이

세상이. 무서워하는. 사람.

　꿈을 꾸는 사람은 몽상가다. 그러나 한 걸음을 내딛는 사람은 비저너리다. 그는 믿음의 액션으로 지옥세력을 떨게 한다. 비전 성취를 향해 믿음으로 '오늘들'을 끝까지 반복하는 사람들은 담대하다. 비전을 글로 배운 사람들은 능력이 없지만 몸으로 비전을 살고 있는 사람들에게는 능력이 있다.

　세상을 무서워하는 성도의 특징은 믿음 액션의 반복이 없다. 그러나 세상이 무서워하는 성도의 특징은 믿음의 습관이 있다. 담대하려면 기도와 말씀을 반복하라.

　두려움을 이기려면 믿음이 습관이 될 때까지 매순간 연습하라. 기도와 말씀의 습관을 가진 성도는 아이라도 두려움의 대상이 됨을 기억하라.

잘 걸어야 잘 달릴 수 있다. 김환명, 마라토너

말씀을. 먹고. 살아나다.

처음에는 비판하려고 미국에 갔다. 유학 가기 전 1년은 논문을 준비했다. 교회사를 다루는 내용이었다. 기독교 선교 역사의 패턴을 통해 우리의 건물 중심 교회론을 비판하는 내용으로 방향을 정하고 자료를 모았다.

그리고 미국에 도착해서 2학기를 공부했다. 꽤 호기로웠는데 공부하는 동안 마음만 황폐해졌다. 스트레스가 너무 심했다. 처음엔 영어 때문인 줄 알았다. 아니었다. 그 다음에는 통장의 제한된 잔고 때문인 줄 알았다. 그것도 아니었다.

꼬박 1년을 고생했다. 수많은 논쟁, 원형탈모 증세, 그리고 신경쇠약을 경험하고 나서야 겨우 기도를 시작했다. 아무도 없는 새벽, 차가운 채플실 바닥에서 홀로 울부짖어 뒹굴며 회개하는 가운데 원인을 깨달았다.

비전은 있으나 믿음이 없었다. 기도와 말씀이 없어서 죽어가고 있었다. 살아나려면 비판부터 멈춰야 했다. 만나는 사람마다 말씀을 도구로 벼랑 끝까지 몰아세우는 내 안의 싸움닭을 죽여야 했다. 비판을 위해 갈고 닦던 뾰족한 싸움욕을 버려야 했다. 그

대신 당장 내가 먹고 살아나야 할 말씀생명력 한 줌이 필요했다.
비판과 논문의 수단으로 말씀을 이용하는 악하기 그지없던 자아를 죽이고, 주객이 전도된 연구를 버려야 했다. 하나님의 말씀을 내 사사로운 목적을 위한 이용 도구가 아니라 무한한 경외의 대상으로 받아들여야 했다. 말씀을 겸손히 먹어야 했다.

회개하며 망가진 마음을 추스르던 그때, 나는 구약신학으로 전공을 바꾸었다. 나름 용단이었다. 살려고 택한 길이었다. 그리고 연구를 핑계로 내가 먼저 먹었다. 연구를 통해 배불리 먹고 기도와 사역을 통해 소화시키고, 또 먹고 또 소화시켰다.
그렇게 2년쯤 지나자 영혼이 자랐다. 키가 훌쩍 크고 근육이 붙은 것 같았다. 무의미한 논쟁들도 끝나고, 탈모도 멈추고, 마음도 평안과 확신으로 가득해졌다. 살 것 같았다.
살아나고 보니 교회가 하고 싶었다. 미치도록 개척을 하고 싶었다. 함께 공부했던 아내도 같은 마음이었다. 유학의 마지막 학기는 교회 개척과 관련된 자료들을 성경과 비교 탐독하며, 교회론에 관한 글들을 토해내며 보냈다. 가슴이 뛰었다. 성경이 내 안에서 꿈틀거리고 있었다. 지식이 아니라 생명이 울렁이고 있었다.

쏟아놓지 않으면 안 될 정도로
날마다 생명의 폭발이 뱃속에서 멈추지 않았다.
<u>**교회를 꼭 시작해야만 했다.**</u>
주변에 교회를 개척한다고 말하고 다니기 시작했다.

5억. 있어?

성경으로 교회를 하려고 했다. 건물 중심이 아니라 제자화 모임 중심의 교회를 준비한다고 선언했다. 그러자 이웃의 선배 목사님들이 내게 질문했다.

"5억 있어?"

언뜻 감이 왔다. 교회를 개척하려면 돈이 필요한데 너는 돈이 없지 않느냐는 질문이었다.

"그렇게나 많이 필요해요?"

5억이 없었다. 지금도 없다. 있으면 좋겠다. 하지만 앞으로도 그런 큰돈이 있을까 싶다. '건물이 교회의 기초'라는 교회 정의 하에서는 매우 일리가 있는 대답이긴 하다. 교회 건물에 들어가는 비용이기 때문이다. 도시 지역 교회 건물 보증금과 렌트비, 실내 인테리어비, 각종 집기와 가구들, 부대비용, 옥상 첨탑, 악기와 음향 시스템 비용, 기타 등등.

하지만 내 대답은 담담했다.

"50만 원쯤 있는데요."

"그런데 어떻게 교회를 개척하겠다는 거야?"

"성경을 가지고 하지요."

성경이 내 힘이었다. 그러자 그분은 내게 순수하다고 하셨다. 칭찬 같았지만 아니었다. 놀림이었다. 성경만 말하는 순수한 생각으로는 교회를 시작할 수 없다고 놀렸다.

그 흥미로운 사고방식 앞에 나는 흥미를 잃었다. 성경을 토대로 교회 개척을 한다는 것은 실행력 없을 거라는 견해는 나와 무관했다. 대화를 더 이어갈 수가 없었다. 대신에 나는 하던 일을 했다. 성경을 붙들고 기도하고, 연구하고, 교회를 시작했다.

교회 개척의 첫걸음을 뗐다. 매일 성경을 펼쳐서 연구하며 기도의 자리를 지키기가 그것이었다. 그러자 길이 하나씩 열리기 시작했다. 기도로 준비하시고 공생애를 시작하셨던 예수님을 성경에서 봤다. 그래서 교회를 기도로 준비하고 기도로 시작했다.

12명의 제자를 뽑으셨던 예수님을 성경에서 봤다. 그래서 나도 기도하며 누구와 리더십을 이뤄야 할지 적어본 후, 한 명씩 만나시 비전을 나누었다. 5명이나 모였다. 그들과 힘께 또 기도와 말씀을 반복했다. 모두들 전도와 제자화를 시작했다. 그리고 수년이 흐르고 있다. 비전은 지금도 매일 믿음을 요구하며 삶의 현장에서의 매순간 한 걸음씩을 쌓고 있다.

믿음. 습관.

오늘들이 쌓여서 내일이 된다. 내일 피아니스트가 되고 싶은 사람은 오늘 피아노를 연습해야 한다. 내일 건강을 얻고 싶은 사람은 오늘 균형 잡힌 생활 습관을 연습해야 한다.

비전도 그렇다. 믿음으로 첫걸음을 내딛는 것이 비전 성취의 방법이다. 선교의 첫걸음은 영어를 공부하는 것이 아니라, 먼저

복음의 사람이 되는 것이다. 목회자가 되는 첫걸음은 신학교에 진학하는 것이 아니라 오늘 누군가를 목양하는 것이다. 오늘 선교하는 사람이 내일 선교사가 될 것이고, 오늘 목양하는 사람이 내일 목사가 될 것이다.

두려움을 버리고 믿음으로 일관하는 하루하루가 쌓여야 비전이 성취된다. 게다가 끝까지 지속해야 완성된다. 현실화될 때까지 지속하는 믿음의 행동이 비전을 완성시킨다. 끝까지 두드려야 철은 강철이 되고, 끝까지 끓여야 순금이 된다. 도중하차는 출발하지 않은 것과 같다.

비전도 임계점에 이르기까지 오늘들을 반복해야 완성된다. 반복은 습관이 되어 몸에 밴다. 호흡에 스민 기도가 하늘문을 열고, 삶에 박힌 말씀이 세상을 씻는다. 반복하고 반복해서 믿음 액션의 습관을 가지는 것이 비전 성취의 길이다.

하나님의. 비전.

왕명은 백성의 사명이 된다. 사령관의 명령은 군인의 본분이 된다. 하나님의 비전도 그러하다. 하나님의 나라가 그분의 비전이다. 비전은 우리에게 사명이자 본분이 된다. 그리스도의 비전을 품은 마음은 죽음도 초월한 삶을 현장에서도 빠르게 결정할 수 있게 한다.

하나님으로부터 온 비전을 품게 되면 그것을 이루기 위한 삶

외에는 다른 선택이 있을 수 없다. 여호수아는 하나님나라를 마음에 품었던 또 한 명의 선배다. 하나님은 그에게 담대함을 명령하셨다.

우선 여호수아는 남의 땅에 정탐꾼 두 사람을 보냈다(수 2:1). 그 이유는 하나님 때문이었다. 가나안 땅을 정복하는 것은 출애굽 백성들의 선택이 아니라 하나님의 비전이었다. 그래서 두 정탐꾼을 보냈다. 하나님께서 이미 가나안 땅을 그들에게 주셨기 때문이었다(수 1:2-4).

가서 정복하라던 그곳에는 이미 타민족들이 살고 있었다. 그러나 가나안은 하나님께서 주신 비전에 의해 이미 이스라엘의 것이있다. 이것은 믿음으로 받아야 하는 일이었다. 믿고 가야 얻게 되는 나라였다.

비전은 어제도 오늘도 믿음을 거친다.
비전은 그것을 믿을 때에야
성취를 위한 걸음으로 옮길 수 있게 된다.
거기에는 믿음 이외의 다른 방법이 있을 수 없다.

하나님나라의 비전은 여호수아보다 컸고, 출애굽 백성들의 총합보다 위대했다. 여호수아가 정탐을 보냈던 이유는 하나님에 대한 믿음 때문이었다. 가나안 땅에 대한 비전을 믿지 않았다면

무서워마라

그는 전략의 수립도, 실행도 못했을 것이었다. 믿지 않았다면 '정탐꾼 파송'이라는 한 걸음은 없었다.

하나님이 우리에게 주신 비전도 믿음으로 수행해야 그 실행을 위한 한 걸음을 뗄 수 있다. 하나님나라의 비전은 믿음으로 실행된다. 마음에 품은 지성소를 바벨론과 같은 세상에서 죽음을 초월해서 살아내는 것은 믿음을 요구한다. 그 비전은 죽음뿐만 아니라 개인의 인생이나 실력도 몽땅 뛰어넘는다.

누군가의 힘으로 이룰 수 있는 일은 비전이 아니다. 그것은 비전이 아니라 팩트fact다. 자신의 실력으로 이룰 수 있는 일은 개인의 야망에 불과하다. 만약 하나님이 함께하시지 않고서도 그 비전이 성취된다면 하늘로부터 온 것이 아니다.

비전은 개인보다 커서 실행한다면 반대를 만나기 일쑤다. 불가능하다는 말이 비전에 대한 반응으로 적합하다. 비전은 하나님의 것이다. 그분의 힘으로 진행하는 것이다. 우리는 비전 앞에서 무능력을 인정하고 비전의 출처인 하나님을 의지해야 한다.

"그것을 네가 이룬다는 것은 불가능해!"

"당신의 말이 맞습니다. 저는 못합니다! 이것은 제 비전이 아니라 하나님의 비전입니다. 하나님이 이루십니다. 저는 이 비전에 초청된 것뿐입니다. 이 일의 주인이 아니라 품꾼일 뿐입니다!"

하나님은 자신의 비전을 이루실 때 사람을 사용하신다. 사람을 통해 이루기 원하신다. 협력하기를 원하신다. 그러나 대등한

동역자 관계가 아니다. 비전 수행자는 그것의 발행자이신 하나님과 동떨어져서는 어떤 일도 해낼 수 없다.

비전 성취는 하나님께 완전히 소속된 믿음의 인생을 통해 이뤄진다. 그 수행 과정은 믿음의 과정이며 하나님과 대화가 필수적인 기도의 과정이다. 그분의 결재 없이는 어떤 결정도 할 수 없다.

비전의 소유주는 하나님이시다. 그것은 하나님으로부터 나와서 하나님의 사람에 의해 실행된다. 하지만 비전의 주인이 자신으로 바뀔 때 그것은 야망이 된다. 야망을 품은 인생은 무서움이 많다. 자신이 할 수 없는 일을 스스로 이루려고 하면 두려워지는 것이 순리다. 비전 성취의 과정에 두려움이 가득하다면 그것은 야망이다. 비전으로 시작했어도 야망으로 전락된 세속적 욕구가 된다. 사람이 마음으로 자기의 길을 계획할지라도 그의 걸음을 인도하시는 이는 여호와시니라 잠 16:9

하나님의. 비전은. 믿음을. 요구한다.

하나님의 비전이 어떤 인생을 통해 성취되는 것은 그 과정에서 믿음을 요구한다. 여호수아에게 비전 성취의 첫걸음은 정탐을 보내는 것이었다. 이것은 그의 전략이었다. 그러나 야망이 아니었다. 하나님을 의존한 전략이었기 때문이다. 담대하라는 하나님의 명령에 순종한 군대 사령관의 작전이었다.

그러나 여호수아가 뽑은 정탐꾼들의 행동은 어리바리하다. 그

들은 가나안 땅에 들어가자마자 들켰고(수 2:2), 한 힘 없는 여자의 집에 숨어서 그녀에 의해 간신히 목숨을 건진다(수 2:6). 무슨 이런 특수부대원들이 있나 싶다. 정탐은 다른 말로 '스파이'다. 그들의 첩보활동은 정탐꾼으로서는 최악이다.

그럼에도 그들이 이 전략을 펼치는 것은 하나님께서 주신 비전에 대한 완전한 믿음이 있었기 때문이고, 그것은 어차피 그들이 이룰 수 없는 일에 대한 것이어서 하나님을 의지할 수밖에 없었다. 약한 자들이 모여 강한 하나님을 의지했다. 그러자 바보 스파이 부대의 실패도 하나님께 선용되었다.

출애굽 백성들이 당시 갖고 있던 실력은 돌칼이 전부였다. 그들이 정복해야 할 곳은 철기 문화의 땅이었다. 석기시대 대 철기시대. 계란으로 바위 치기의 싸움이었다. 아니다. 바위로 계란 치기가 될 수도 있었다. 그러나 하나님이 주셨던 비전은 계란이 바위를 이기는 것이었다. 그것은 비현실적이었다.

40년을 수백만 명이 광야를 헤맸던 것도, 다 같이 바위에 부딪혀 죽는 것과 같은 싸움을 시작해야 하는 것도 둘 다 비현실적이다. 광야 여정의 끝에서 만난 싸움은 죽음의 길이었다. 뒤로는 되돌아갈 수 없는 요단강이 있었고, 눈앞에는 철병거와 철검들이 있었다. 하나님의 비전은 확실했다. 구름기둥과 불기둥으로 확인했고, 날마다 만나를 나눠 먹으며 한 몸이 된 증인들이 거기 있었고, 게다가 요단강도 홍해마냥 두 동강이 났다.

40년을 따라온 비전이었다. 돌아갈 길은 없었다. 그것은 사람의 것이 아니었다. 믿는 것 외에는 성취의 길이 없었고, 그것을 성취하는 것 외에는 다른 살길이 없었다.

여호수아의 군대는 어리바리한 전략으로라도 첫걸음을 내디딜 수밖에 없었다. 누군가는 믿었고, 누군가는 불평했던 전략이었다. 그럼에도 불구하고 정복은 순조롭게 시작되었다. 믿음의 역사였다. 가나안의 입구에서 하나님은 그 비전이 하늘에 속한 것임을 재확인시켜 주시며 담대함을 명령하셨다. 내가 네게 명령한 것이 아니냐 강하고 담대하라 두려워하지 말며 놀라지 말라 네가 어디로 가든지 네 하나님 여호와가 너와 함께 하느니라 수 1:9

믿음으로, 한 걸음.

하나님이 내게 비전을 주셨다면 믿음으로 첫걸음부터 떼어야 한다. 만약 내가 어떤 실력 준비를 완료한 후 그것을 성취할 수 있는 것이라면 이미 하나님께로부터 온 것이 아니다. 그러니 위험을 감수하고, 죽음을 초월해서, 바보 같아도 좋으니 첫걸음부터 옮기는 믿음을 보여라.

비전의 성취를 통해 자신의 목숨이나 삶을 보호하려는 접근은 어리석다. 믿음이 비전을 성취하게 한다. 그 농도는 하나님을 얼마나 신뢰하는지가 결정한다. 여호수아의 군대를 보라. 요단강

무서워마라

이 갈라져서 가나안에 입성한 것이 아니었다. 흐르는 물에 첫걸음을 디뎠을 때 물이 갈라졌다(수 3:15-17). 또 여리고 성을 어떻게 무너뜨리게 하셨는지를 보라(수 6:1-20). 하나님을 의지해서 첫걸음을 뗄 때 물이 갈라지고, 성벽이 무너진다.

믿음의 싸움꾼들은 첫걸음을 뗀 후, 전투의 현장에서 실력을 쌓는다. 비전 실행자의 실력은 그 성취를 위해 쓰임 받는 싸움의 현장에서 가장 효과적으로 주어진다.

아이는 부모에게 의존한다. 약자는 강자에게 의존한다. 의존이란 자신의 부족함을 전제한다. 자신이 할 수 있는 일들만 꿈꾸면 거기에는 하나님이 주시는 비전이 임할 자리가 없다.

시대는 빠르게 변하고, 하나님의 시간표는 거의 끝에 다가왔다(벧전 1:20). 교회들이 머뭇거릴 시간이 없다. 비전 부대에게 두리번거림은 사치다. 계란으로 바위를 치는 것이 비전이라면 바위에 부딪혔을 때 껍데기가 깨지지 않도록 하는 방법을 연구하기보다는 그 비전 발현자에게 의존부터 해야 한다. 깨진다 할지언정 성취를 향한 첫걸음부터 믿음으로 떼야 한다. 여호와께서 나와 함께 하시면 내가 여호와께서 말씀하신 대로 그들을 쫓아내리이다 수 14:12

알지 못하는. 일에 대한. 실행.

비전은 알지 못하는 일에 대한 실행을 요구한다. 노아를 생각해보라. 그가 방주의 비전을 받았을 때, 평생 동안 배라는 물건을 한 번도 본 적이 없었다. 가장 가까운 해안으로부터 수백 킬로미터 이상 떨어져 살았고, 당시에는 '비'라는 것도 내리지 않았다. 태풍도, 홍수도, 소나기도, 폭우도 없었다. 그런 노아에게 전 지구적 홍수심판과 동시에 잠실 운동장만한 크기의 배를 만들라는 비전이 주어진다.

노아는 배 만들기에 착수한다. 그는 배 만드는 법은커녕 배가 무엇인지도 잘 몰랐다. 또한 홍수가 무엇인지도 몰랐다. 알지 못하는 것들로 가득한 비전이 노아에게 주어졌다. 그러나 비전 군사는 그 일에 착수했다. 하나님이 주신 비전이었기 때문이다.

당시 자신이 가지고 있던 것을 가지고 모르는 일에 대한 첫걸음을 옮겼다. 이후로 75년 가까이 같은 일을 했다. 배 만들기. 마음에 품은 하나님의 비전을 모를지언정 실행했다.

**담대함은 멈칫거리지 않는다.
죽음을 초월한 담대한 사람들은
낯선 일이나 익숙하지 않은 과제를
수행함에 있어서도 주저함이 없다.**

무서워마라

비전이 주어지면 실행에 착수하라.
작은 걸음을 떼라.
비전에는 문제가 없다.
다만 그 비전을 자신의 능력으로 완성하려는
착각에 문제가 있다.

지금 가능한 일을 하며, 당장 첫걸음을 작게 떼는 것은 비전을 믿을 때 가능하다. 비전은 어차피 인생의 것이 아니니 두려워하지 말라. 그것은 하나님의 것이니 놀라지 말라. 주께서 인생을 통해 직접 이루어가실 것이니 염려하지 말라. 대신 믿고 담대히 한 걸음을 떼라. 노아가 그와 같이 하여 하나님이 자기에게 명하신 대로 다 준행하였더라 창 6:22

FEAR NOT 무서워마라 | 원리 17 기도와 말씀의 습관을 통해 매일 믿음의 걸음을 한 번에 한 걸음씩 걸어가라.

18 : 사랑 안에 두려움이 없다

너는. 내 것이라.

총각시절 내 이상형은 기도원 원장님 같은 자매였다. 몸무게는 65킬로그램 이상, 발목까지 찰랑거리는 하얀 원피스를 입고, 손에는 두껍고 낡은 성경책을 늘 들고 다니며, 거기에 나무십자가 목걸이를 걸어주면 금상첨화였다.

맨몸으로 바다수영을 3킬로미터 이상은 할 수 있고, 산악달리기는 5킬로미터쯤 아이를 업고도 1시간 안에 거뜬히 달려주면 좋을 것 같았다. 매일 새벽기도는 기본이고, 성경은 이틀에 한 번씩 신구약을 통독해야 하고, 아이는 6명을 낳아주어야 한다.

항상 성령충만하고, 기도의 자리에서 삼층천을 오르락내리락 해야 한다. 그리고 내가 순교해도 계속 신앙으로 살며, 아이들을

다 출가시킬 사람, 꿈에 그렸던 내 짝의 모습이었다.

그러나 규영 자매는 내 이상형과 매우 달랐다. 그녀를 처음 만난 곳은 분당의 한 교회였다. 나는 청소년부 전도사였고, 그녀는 주일학교 교사였다. 사역지 인터뷰를 가던 날 교회 입구에서 사무실까지 나를 안내해주었던 의전이었다.

그녀는 원피스가 아니라 투피스를 입었다. 그나마 무릎 위에서 끝나는 치마였다. 산악구보에는 부적합한 복장이었다. 손에는 성경책이 아닌 얄팍한 노트 한 권을 들고 있었고, 머리에는 립스틱 색과 같은 머리핀 하나가 반짝였다. 특히 앙증맞은 발에 귀여운 구두가 매우 거슬렸다. 구석구석이 마음에 들지 않았다. 왠지 화가 났다.

그로부터 수개월 동안 나는 그녀를 피해 다녔다. 매번 우연이라도 교회 건물 안에서 마주치면 애써 피했다. 내 이상형과 너무 달랐기 때문에 멀리하고 싶었다. 그녀가 웃으며 인사하면 애써 딱딱한 표정으로 째려보며 무심히 지나가곤 했다. 내 마음을 지키고 싶었다. 그녀가 내 이상형과 너무 달랐기 때문이었다. 안다. 김칫국이었다.

한 사람을 늘 피해 다니는 시도는 현명하지 못했다. 교회 건물 어딘가에 있을 그녀에 대한 생각은 범주가 점점 넓어졌다. 이내 버스에서도, 길에서도, 기도실에서도, 도서관에서도, 교실에서도 나는 그녀가 어디에서 무엇을 하고 있는지 궁금했다. 그것은 이상행동이었다. 왜 내가 그런 정신병에 걸렸는지 궁금해졌다. 그래서 10페이지짜리 보고서를 써봤다. 그것은 내 마음을 차근히 관찰한 기록이었다. 하나씩 적다 보니 내가 무의식적으로 그녀를 매우 가지고 싶어 한다는 것을 발견했다. 나는 그녀를 갖고 싶었다.

그녀를 달라고 오래 기도했다. 그러고 나서 그녀를 만나 내 마음을 설명해주었다. 그녀는 내 생각에 동의하지 않았다. 그래서 또 설명했다. 처음에는 질문조차 없었다. 무관심과 거부가 그녀의 대답이었다. 빡빡 머리에 배바지를 입고, 대학교 졸업기념 버클을 허리에 차고, 반바지에 양복 양말을 종아리까지 당겨서 신고 다녔던 나는 그녀에게 이상한 사람이었다.

그래서 기도하고 설명하기를 반복했다. 수년 동안 매일 기도하고 설득했다. 천 년 같던 하루하루가 쌓여 확신은 커져갔다. 결국 우리는 어느 아름다운 봄날에 결혼식을 올렸다. 그리고 무악재의 가장 높고, 시끄럽고 냄새 나는 곳에서 신혼살림을 시작했다. 나는 그녀를 갖게 되었다. 그녀도 나를 갖게 되었다. 산동네는 지천의 목련으로 희고 화려했다. 너는 내 것이라 사 43:1

세굴라.

아내는 바퀴벌레 한 마리도 못 죽여서 울먹이며 나를 불렀다. 그럴 때면 너무 사랑스럽고 귀여워서 그녀를 꼭 안아주었다. 만

무서워마라

약 내 이상형과 결혼했다면 함께 낄낄거리며 바퀴벌레를 맨손으로 때려잡고 있었을 것이다. 끔찍한 장면이다. 무지막지한 이상형과 결혼하지 않은 것에 대해 하나님께 감사하다.

장황하게 내 결혼이야기를 한 이유는 그에 비유하고 싶은 말씀이 있어서다. 우리는 주님의 소유다. 예수님이 우리의 신랑이시다. 무서우면 신랑을 찾아라. 두려우면 그분께 피해라. 죽을 자리를 만나면 살려달라고 외쳐라.

우리는 과부가 아니다. 사랑으로 돌봄을 받는 그리스도의 신부들이다. 말씀을 보라. 우리는 지극한 사랑을 받고 있는 그분의 소유다. 세계가 다 내게 속하였나니 너희가 내 말을 잘 듣고 내 언약을 지키면 너희는 모든 민족 중에서 내 소유가 되겠고 너희가 내게 대하여 제사장 나라가 되며 거룩한 백성이 되리라 출 19:5,6

출애굽 이야기는 400년간 노예생활을 하던 이스라엘 백성들이 처음으로 자신들의 정체성을 확인하던 내용이다. 출애굽 직후 100일간의 기록이 가장 극적이다. 두려움의 소용돌이와 하나님의 능력이 함께 충돌하며 이스라엘을 가르치고 있다. 광야 학교에서는 매일 수업이 진행되었다. "너는 내 소유다"라는 새로운 정체성이 그 학습의 주제였다.

노예 정체성을 가진 백성들에게 하나님은 신랑이 신부에게 부르는 호칭인 "세굴라"라는 새로운 이름을 주셨다. 그들은 더 이상 세상의 노예가 아니었다. 그들은 유월절 어린양의 피로 하나가 되었다. 또한 홍해에서 함께 세례를 받아 하나님의 보배로운 소유로 바뀌었다.

출애굽 백성들이 무서워할 때마다 하나님은 그들을 꼭 안아주셨다. 홍해에 가로막혔을 때도(출 14장), 홍해를 건넌 직후에도(출 16장), 물이 없을 때도(출 17장), '아말렉'이라는 무시무시한 전사들의 공격 앞에서도 안아주셨다(출 17장). 무서울 때마다 신랑 되신 하나님이 자신의 능력을 보여주시며 안심시켜 주셨다.

하나님은 이스라엘에게 "너는 내 것이다"라고 말씀하시고 또 말씀하시면서 두려운 상황들을 한 번에 하나씩 물리쳐주셨다. 백성들은 그때마다 자신들을 신부처럼 대하시는 존재가 얼마나 능력 있는 분이신지를 한 번에 하나씩 배워나갈 수 있었다.

바다를 가르시고, 반석에서 물을 뿜어내시고, 적들을 물리치시는 분이 자신들을 얼마나 사랑하시는지를 배웠다. 배움의 순간마다 노예들은 세굴라로 바뀌어갔다. 쇠가 강철로 연단되어갔다. 메뚜기가 사자로 탈바꿈했다. 그 땅 백성을 두려워하지 말라 그들은 우리의 먹이라 민 14:9

사실 온 세상이 다 하나님의 소유다. 그러나 그 중에서도 세굴라가 있는데, 그들이 바로 성도들이다. 우리의 정체성은 더 이상 죄의 노예가 아니다. 의의 신부다. 하나님이 우리를 소유로 삼으셨다. 그분은 우리를 "보배로운 백성"(신 26:18), "특별한 소유"(시 135:4), 특별히 "아끼는 자"(말 3:17)라고 부르신다. 우리는 이름이 바뀌었다. 우리는 세굴라다. 하나님의 눈동자다.

신랑. 예수님.

성경을 펼치면 예수님이 우리의 신랑임을 알 수 있다. 주님도(마 9:15), 세례 요한도(요 3:29), 혼인잔치 비유에서도(마 22:2), 열 처녀 비유에서도(마 25장), 사도들도(계 22:17 ; 고후 11:2), 예수님을 '신랑'이라고 반복해서 말씀하고 있다.

성경을 펼치면 그분이 우리를 지극히 사랑하심을 알 수 있다. 구약뿐만 아니라 신약에서도 그렇다. 4복음서의 내용은 하나님이 죄인에게 보내주신 사랑의 증거 즉 예수님의 사랑의 사역을 보여준다.

사도행전은 심판과 회개를 촉구하며 그리스도의 사랑이 교회로 실현되는 과정을 보여주고 있다. 로마서도 예수님이 우리를 어떻게 사랑하셨고, 그에 대해 우리는 어떻게 반응해야 하는지를 기록하고 있다. 서신서들도 예수님이 교회들을 얼마나 사랑하시는지를 말하고 있다.

요한계시록을 펼치면 일곱 교회에 대한 사랑의 권면으로부터 시작해서 심판 중에서도 끝까지 인내로 기다리시는 심판주 예수님의 사랑을 읽게 된다. 죽기까지 사랑하신 창조주의 사랑이, 예수 그리스도 우리의 신랑을 통해 확증되었다. 그분이 먼저 사랑하셨고, 우리는 거기에 응답했다.

우리의 신랑은 대가를 요구하지 않았다. 첫 사람 아담의 사랑고백 "뼈 중의 뼈, 살 중의 살"은 대가를 받은 노래가 아니었다. 그것은 공짜였다. 신랑의 사랑은 처음부터 공짜였다. 마지막 사람 예수님의 사랑고백도 우리에게 대가를 요구하지 않았다. 오히려 그 사랑의 대가를 신랑께서 치르셨다. 다 치르셨다. 큰 사랑에는 이유가 없었다.

  신랑의 사랑은 우리에게 일방적인 선물이자 은혜였다. 왕의 선물은 거부할 수 없다. '세굴라'라는 호칭 가운데 우리의 신랑 예수 그리스도의 선물은 불가항력적이었다. 예수님은 자신의 세굴라에게 아무것도 받지 않으시고도 처음부터 모든 것을 희생하셔서 사랑하셨나. 우리가 아직 연약할 때에 기약대로 그리스도께서 경건하지 않은 자를 위하여 죽으셨도다 의인을 위하여 죽는 자가 쉽지 않고 선인을 위하여 용감히 죽는 자가 혹 있거니와 우리가 아직 죄인 되었을 때에 그리스도께서 우리를 위하여 죽으심으로 하나님께서 우리에 대한 자기의 사랑을 확증하셨느니라 롬 5:6-8

  예수님은 사랑이시다. 그분은 우리를 사랑하신다. 우리가 아무것도 갚을 것이 없어도 모든 것을 이미 주셨고, 더 주시기를 원하신다(요 14:13-16 ; 롬 8:38,39 ; 엡 1:3). 그 사랑은 완전하며 아무도 끊을 수 없다. 그 사랑 안에서 우리는 안전하다. 세상을 거닐다 발견한 바퀴벌레 따위는 이제 무서워하지 않아도 된다.

무서워마라

다만 신랑의 이름을 불러 그 품에 안겨 무섭다고 이르면 된다. 신랑이 세굴라를 사랑하신다. 그 사랑으로 피하는 한 두려움은 없다.

자신이. 누구인지 알면. 무섭지 않다.

노예가 세굴라로 탈바꿈 중인 광야학교는 두려운 일로 가득하다. 새로운 시작은 늘 그렇다. 이스라엘이 홍해를 건너 광야학교를 시작했다면, 우리도 보혈을 지나 세상학교에서 믿음의 여정을 새로 시작했다. 우리는 그리스도 안에서 새로운 피조물이 되었고, 그 안에는 새 땅이 들어차 있다. 그런즉 누구든지 그리스도 안에 있으면 새로운 피조물이라 이전 것은 지나갔으니 보라 새 것이 되었도다 고후 5:17

우리는 더 이상 죄의 노예가 아니다. 자유해졌다. 죄와 거짓의 사슬이 끊어졌다. 거기서 우리는 그리스도께서 주신 자유를 굳게 잡고 서있다. 두 번 다시는 죄의 노예로 돌아가지 않는다는 의지로 확고하다(갈 5:1). 이와 같이 너희도 너희 자신을 죄에 대하여는 죽은 자요 그리스도 예수 안에서 하나님께 대하여는 살아 있는 자로 여길지어다 롬 6:11

"여길지어다 λογίζομαι"는 '무게를 재라', '결정하라', '계산해보라', '묵상하라', '이성적으로 치밀하게 분석하라'의 뜻을 담고있다.

진리를 붙들어라. 자신이 누구인지를 성경에서 확인하고 그대로 받아들여라. 모든 공포의 순간에 그리스도의 사랑을 믿어라. 우리는 창조주의 사랑 받는 소유물이며, 그분의 대리 통치자이며, 그분의 자녀가 되었다. 예수께서 새로 주신 정체성은 의인이다. 그 안에 거하라. 의인은 사자와 같이 담대하다.

영적.전쟁.

두려워하지 말라. 새로운 정체성을 가지고 담대히 진군하라. 영적전장을 자유롭게 누벼라. 천국뿐만 아니라 지옥도 주님께서 다스리신다는 것을 잊지 말아라(벧후 2:4 ; 마 10:28, 16:19 ; 요 5:22 ; 눅 8:31 ; 계 20:15).

두려워할 존재는 따로 계신다. 하나님만을 두려워하라. 그리스도를 좇으라. 마땅히 두려워할 자를 내가 너희에게 보이리니 곧 죽인 후에 또한 지옥에 던져 넣는 권세 있는 그를 두려워하라 내가 참으로 너희에게 이르노니 그를 두려워하라 눅 12:5

예수님의 이름으로 고난 받는 모든 싸움터에서도 담대하라. 싸움은 오히려 더 큰 확신을 주고, 거기에서 우리는 더욱 담대해진다. 영적전쟁은 성도를 더욱 강하게 만들 뿐이다. 만약 그것이 없다면 우리는 어떻게 자신을 보호하는지 배우지 못할 것이다.

전장에서 휘둘렀던 칼이라야
벽에 걸어놔도 값이 나간다.
싸워봐야 담대한 인생이 된다.
말씀과 기도를 싸움터에서
휘둘러본 사람이 담대하다.

그들에게 영적전쟁은 불신앙을 고치는 치료제다. 사령관의 실전훈련이다. 사단의 유혹에 말씀으로 맞서 싸워봐야 신앙의 동기가 커진다. 전도와 선교의 현장에서 예수의 이름으로 질병과 귀신이 쫓겨나가는 것을 경험해야 믿음에 더욱 집중케 된다. 싸움터의 흉터들조차 우리에게 믿음에 대한 열정과 오기, 그리고 사명에 대한 확신까지도 더해준다.

다만 영적전장에서는 항상 적敵이 더 교묘하고 전략적으로도 고수라서 개인의 전략으로 싸우면 진다는 것이 문제다. 우리는 자기 자신보다 훨씬 더 나은 분이 필요하다. 어떤 목사님들보다 훨씬 더 뛰어난 분이 필요하다. 어떤 종교 지도자들보다, 도덕적 선생들보나, 신들이나 천사들보다 더 뛰어나신 분이 필요하다.

그분은 예수 그리스도시다.

의인은. 사자와 같이. 담대하다.

우리는 의인이 아니다. 예수님이 의인이시다. 우리의 본성은 죄인들이다. 다만 용서받았을 뿐이다. 예수 그리스도를 따르다 보니 '의인'으로 호칭을 받게 되었을 뿐이다(행 13:39). 죄인은 죄를 못 이긴다. 죄인은 두려움도 이기지 못한다. 의인이어야 죄를 이긴다. 의인이어야 두려움이 없다.

죄인이 의인이 되는 길은 접붙이기와 같다(요 15:5). 담대함도 그렇다. 용기는 예수님께 붙어 있을 때 나오는 믿음의 특징이다.

무서워마라

포도나무에서 떨어져 나온 가지는 말라 죽는다. 예수님은 의의 나무시다. 우리는 누구도 담대함의 원류源流를 이룰 수 없다. 그 근원은 예수님께 있다.

사는 동안 두려움은 피할 수 없다. 근처에서 조금만 바스락대도 개처럼 짖다 죽는 인생이 우리의 모습이다. 그러나 예수께 붙어 살면 이야기가 달라진다. 담대함의 원액을 흡수하여 승리의 꽃을 피우게 된다. 두려워하며 사는 인생은 매일 견디기만 한다. 늘 땀 흘려도 소극적이고, 바빠도 게으름뿐인 것이 두려움의 형태이다.

그러나 예수께 붙어 살면 담대한 인생이 된다. 피할 수 없는 싸움을 단순히 견디기만 하면서 매일 조금씩 말라 죽어가지 말고, 적극적으로 전장에 뛰어들어 대장 예수의 깃발 아래 함께 세상을 호령하라. 대장 예수의 명령 아래 담대히 진군하라. 너희는 그들을 두려워하지 말라 너희의 하나님 여호와께서 친히 너희를 위하여 싸우시리라 하였노라 신 3:22

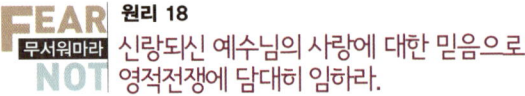

원리 18
신랑되신 예수님의 사랑에 대한 믿음으로 영적전쟁에 담대히 임하라.

에필로그

한 권의 책

책을 마치며 책을 생각한다. 신문을 배달하는 이의 바쁜 발소리가 들려올 무렵에 서재의 독서등을 켜는 일, 누구도 방해할 수 없는 한 순간이 한 권의 책과 함께 지나고 있다.

이 책은 언제나 그랬던 것처럼 내 마음에 거대한 상처를 새기며 지나간다. 이미 셀 수도 없이 반복해서 읽어왔던 책인데 여전히 전혀 새로운 지식이 깊이 몰아치며, 내가 그렇게 보호하고 싶은 경험적 사고를 한 조각씩 세밀히 찢어내서 흩어버리고 있다.

이 책의 주인공은 나방이 전깃불을 이해하지 못하는 것과 같은 몰이해의 대상이다. 매번 내 두뇌가 더욱 알지 못하게 되는 분이다. 이 책은 마치 살아있는 인격과 같아서 손과 눈과 마음과 심령에, 오래 사귄 친구이거나 함께 자란 형제와 같은 거리를 가지고서 오늘도 시작부터 함께다.

이 책 때문에 어제는 그렇게도 값진 일들이 오늘은 싸구려가 되어버리고, 어제는 그렇게도 사랑하던 것들이 오늘은 미워하는 것이 되어버린다. 또 그리스도를 닮아가지 못하는 내 상태를 오늘 깨닫는 지혜의 크기만큼만 인격적으로 보여주며, 그 정도는 조금씩 정진하는 가능성이 아니라, 마치 끝이 없는 것처럼 순간 순간의 거대 변화들의 연속체로 정신 없이 산산이 부순다. 기적처럼 다 들어내버린다.

가장 행복하게 하며,
가장 상처받게 하는 사랑하는 책.
성경책.
아무것도 섞여 있지 않은,
진리의 결정체.
고도의 순수함.

그 책을 붙들면 언제 어디서나 싸울 수 있다. 성경을 순전히 붙잡아야 한다. 성경에 완전히 붙잡혀야 한다. 읽고 또 읽어서 지적 동화를 이루고, 믿고 행함으로 반복해서 성경에 흡수되어야 한다.

그러려면 자아가 희미해야 한다. 약할수록 좋다. 줏대가 없어야 한다. 겸손을 입고 성경을 말해야 한다. 죄에 대해 죽고, 의에 대해 산 사람처럼 회개하며 행하고 울며 말해야 한다.

무서워하지 마라.
두려워하지 마라.
내가 너를 사랑한다. 내가 너와 함께한다.
내 안에 거하라. 다른 신랑에게로 가지 말고. 돌아와라.
담대하라. 용기를 내라.
너는 내 소유다. 너는 내 것이다.
나는 너의 피난처다. 내가 너의 요새다.
든든한 반석. 생명의 물줄기가 내게 있다….

성경을 설명하다 보면 그 내용과 비전이 너무 거대해서 자칫 내가 뭐라도 된 줄 안다. 그래서 목에 힘주지 말라고 기침이 낫지 않는가 보다. "무서워마라!" 이 말은 내 것이 아니다. 천국의 것이다. 우리 모두의 것이다. 나도 들어야 하는 말이다. 울며 전해야 하는 말이다.

여기까지 읽은 그대는 내게 무명이 아니다. 무서워하지 말라는 말씀을 풀어 적으며 나는 어딘가에서 두려움에 떨고 있을 그대를 떠올렸다. 내 모습과 닮은꼴이었다. 나름 그대를 위해 기도하며 써내려갔다. 용기도 없고, 실력도 없고, 할 줄 아는 것은 죄뿐인 나 같은 겁보들을 생각하며 썼다. 그런 우리를 너무 사랑하셔서 모든 희생으로 "무서워하지 마라"라고 외치시는 그리스도를 생각하며 썼다. 매 챕터마다 나는 성경을 통해 성령의 음성을 들어왔다.

그 말들을 전달하고 싶어서 오랜 시간 책상에 앉아 지냈다. 내 안의 성령님과 노트북 테이블 건너편의 그대를 사랑해왔다. 그리스도의 마음을 전달하려 애썼다. 그리고 겨우 마쳤다. 성경은 아직 할 말이 많은데 나는 지혜가 너무 적어서 이렇게 짧게 마쳤다.

책 한 권을 해산했더니 나의 선생님들이 그립다. 성도들을 위해 밤을 새워 한 번에 한 명씩 기도해주시던 시골 할아버지, 나의 단벌신사 목사님이 보고 싶다. 시장에서 산 생선 한 마리의 가운데 토막을 다시 싸서 몰래 그 목사님의 집 문고리에 걸어놓고 도둑처럼 도망 나오시던 나의 가난했던 어머니도 보고 싶다.

새벽 4시 30분이면 어김없이 선율 없는 찬양을 가사만 흥얼거리며 관절염 있는 무릎을 주무르며 손바닥보다도 더 큰 성경책 한 권에 설레며 기도실로 모여들던 할머니 권사님들과 할아버지 장로님들도 보고 싶다. 교회를 사랑하고 성도들을 사랑해서 집과 땅을 팔아 교회를 세운 굳은살이 박인 농부 집사님들의 손마디를 다시 보고 싶다.

과거가 똑같이 재현될 수는 없겠지만 추억보다 진한 예수의 사람들이 우리 아버지 집 한자리에 모여 예수님의 얼굴을 마주하며 사랑하고 사랑했다고 함께 노래할 그날도 어서 보고 싶다.

가을이 끝나간다. 책의 마지막까지 썼다. 오늘은 사랑하는 사람들과 따뜻한 순댓국을 사먹으며 한기 도는 목을 덥혀야겠다.

능히 모든 성도와 함께 지식에 넘치는 그리스도의 사랑을 알고 그 너비와 길이와 높이와 깊이가 어떠함을 깨달아 하나님의 모든 충만하신 것으로 너희에게 충만하게 하시기를 구하노라 엡 3:18,19

무서워마라

초판 1쇄 발행	2016년 12월 5일
초판 2쇄 발행	2016년 12월 23일
지은이	송준기
펴낸이	여진구
책임편집	4팀 ǀ 김아진
편집	1팀 ǀ 이영주　2팀 ǀ 최지설　3팀 ǀ 안수경, 유혜림
책임디자인	이혜영, 마영애 ǀ 노지현
기획·홍보	김영하
마케팅	김상순, 강성민, 허병용
제작	조영석, 정도봉
해외저작권	기은혜
마케팅지원	최영배, 정나영
경영지원	김혜경, 김경희
이슬비전도학교	최경식, 전우순
303비전장학회 & 303비전꿈나무장학회	여운학
303비전성경암송학교	박정숙

펴낸곳　규장

주소　06770 서울시 서초구 매헌로 16길 20(양재2동) 규장선교센터
전화　02)578-0003　　팩스　02)578-7332
이메일　kyujang0691@gmail.com　　홈페이지　www.kyujang.com
트위터　twitter.com/_kyujang　　페이스북　facebook.com/kyujangbook
등록일　1978.8.14. 제1-22

ⓒ 저자와의 협약 아래 인지는 생략되었습니다.
이 출판물은 저작권법에 의해 보호를 받는 저작물이므로 무단 전재와 무단 복제를 할 수 없습니다.

책값　뒤표지에 있습니다.
ISBN 978-89-6097-479-1 03230

규 ǀ 장 ǀ 수 ǀ 칙

1. 기도로 기획하고 기도로 제작한다.
2. 오직 그리스도의 성품을 사모하는 독자가 원하고 필요로 하는 책만을 출판한다.
3. 한 활자 한 문장에 온 정성을 쏟는다.
4. 성실과 정확을 생명으로 삼고 일한다.
5. 긍정적이며 적극적인 신앙과 신행일치에의 안내사의 사명을 다한다.
6. 충고와 조언을 항상 감사로 경청한다.
7. 지상목표는 문서선교에 있다.

하나님을 사랑하는 자 곧 그의 뜻대로 부르심을 입은 자들에게는 모든 것이 合力하여 善을 이루느니라(롬 8:28)

 Member of the
Evangelical Christian
Publishers Association
규장은 문서를 통해 복음전파와 신앙교육에 주력하는 국제적 출판사들의 협의체인 복음주의출판협회(E.C.P.A:Evangelical Christian Publishers Association)의 출판정신에 동참하는 회원(Associate Member)입니다.